为聪慧与高尚的人生奠基

窦桂梅

谨以此书献给清华大学附属小学百年诞辰

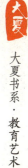

大夏书系·教育艺术

带着你与世界相遇

我和学生的课程故事

许剑 著

华东师范大学出版社
全国百佳图书出版单位

这是一本本来只属于我和孩子的成长故事书。不知道故事是从哪里开始的，但故事的结局却让我们期待——期待下一个精彩相遇。你可以漫步于故事的字里行间，你可以走进图画的斑斓世界，你也可以走走停停，你还可以在茶余饭后与朋友聊聊我们的故事。

因为所有的故事都是同一个故事，那就是我带着孩子与世界相遇。更美妙的，或许这也是我们与你的相遇方式。

每一个儿童从最初的地方走来，都要走向一个未知的世界。这个世界是我们的，也是儿童的，但最终还是他们的。我作为一名教育者，时刻努力为每一个来到我身边的儿童，找到属于自己的生长的模样，发现属于自己的世界。在每一个不可重来的生命旅行中，我竭尽全力为他们打下人生的底色。

谨以此书献给和我一起与世界相遇的孩子。

目 录

序一·用我的一生守望你·001

序二·遇见您,就是遇见幸福·007

序三·我眼中的许老师·009

第1辑　遇见大自然
　牵手春天·003
　一花一世界·013
　和秋天说再见·027

第2辑　遇见清华园
　童音园·039
　小脚丫游清华园·051
　童心读清华园·064

第3辑　遇见节日
　最爱中国传统节日·077
　共享世界节日中的美好·086

第4辑　遇见书
　在童年与李白相遇·101
　在经典中浸润·108
　从丑小鸭变成白天鹅·122

带着你与世界相遇

第 5 辑　遇见艺术

聆听大师·133

爱上博物馆·143

与世界相遇·151

第 6 辑　遇见师长

最爱你的那个人·165

爱的身影·171

第 7 辑　遇见小伙伴

我们的家·183

在社团里遇见你·191

学会欣赏·201

第 8 辑　遇见自己

十岁的天空·211

母校，永恒的记忆·219

给未来自己的一封信·229

后记　写在后面·237

序一·用我的一生守望你

我,教育生命已经快有 30 年;

许剑,教育生命已经快有 30 年。

2015 年,我俩的本命年;

2015 年,清华附小百年华诞。

这一年,是她带了六年的班即将毕业走向中学的一年;

这一年,是她第一次公开出版发行她和几十位学生的班级故事的一年。

这 30 年间,有多少故事?时间沉甸甸的,其中的厚重怎可言传?许老师先后三次带过六年级,将时光织成一幅幅爱的画卷。一花都一个世界,那一本书又怎能完全展现一个老师与一个班的学生一起成长六年的全部内容?更何况是那么多年。

我也曾经将一个班从一年级带到六年级,那是 2000 多个日日夜夜的陪伴。我们的专业生命,能有多少个六年啊?而这样的烙印,蕴含成长的喜悦与收获的丰硕,有成就的不仅是一个个从童年走向少年的学子,还有我们自己啊。

如今许老师的从教经验即将结集出版,我甚为高兴,为书作序,但同时亦有点忐忑,似乎无论怎么描述都担心挂一漏万。

20 世纪 90 年代,一个正在经历改革开放、提倡素质教育的时代,教育改革的春天才刚刚来临。我作为一个教改先锋,提出"三个超越",即"基于教材,超越教材;立足课堂,超越课堂;尊重教师,超越教师"。当时,这在全国引起很大反响。但是,毕竟受年代和个人认知水平的限制,我仅仅立足语文学科、立足班主任的责任作出一些改革尝试。

如今许剑老师的理念已经超越了我们的时代经验,如今教育理念已经从素质教育走向了素养培育。

一个是素质,一个是素养,其境界完全不同。一个强调教育的结果,其中不乏先天禀赋的存在,一个强调教育的过程,重在养成。

许老师在清华文化及附小"为聪慧与高尚的人生奠基"的使命感召下,坚持附小"立人为本"理念,深研附小提出的五大素养——"身心健康,成志于学,天下情怀,审美雅趣,学会改变",结合学校"1+X课程"的整合思想,把班级当作一个"生命成长的道德社区";结合附小原校名"成志"的历史,命名自己的班级为"成志班";结合附小主题教学强调的"主题·整合"思想理念,把主题实践活动与德育课堂进行整合,在主题实践活动中融入附小"六大教育主题"——言行得体、协商互让、诚实守信、自律自强、勇于担当、尊重感恩,在各学科之间的交叉边界寻找主题整合点,在消弭式整合中提升学生道德修养和情感品质。她所组织的一系列丰富的主题实践活动,从一个层面展现了附小主题教学课程体系。

在此基础上,许老师从自己班级的特色出发,建构班本主题课程。如她策划关于清华园的主题活动——"寻根清华,筑梦附小",带领学生进行关于清华园的小课题研究,走进清华园探访名家、大师的足迹,感悟清华英才的卓越,传承"自强不息、厚德载物"的清华精神。再如在附小即将迎来百年诞辰之际,她带领学生寻找"清华附小第100个春天""把最美的春天留在大地上",从不同角度构建关于春天的主题课程,回望附小历史。通过对清华文化和附小文化的传承,她所带的毕业班的孩子们在毕业前夕郑重向母校承诺:"我永远是清华人!"

六年级学生临近毕业,许老师用精妙的构思,丰富了学校高年段

"修远课程"的内容，对毕业课程作了极富价值的探索。"校园里那些最有故事的地方""给老师/母校的颁奖词""最美的母校纪念册""毕业倒计时一个月——我为他人做件事"等活动，将六年级的德育主题"尊重感恩"潜移默化地渗透到孩子们的生活中，让"尊重感恩"成为附小送给毕业生最好的礼物。

在这一个"六年"里，许老师把主题实践活动与语文教学进行整合。例如，她设计了"中国传统节日"与"世界节日"系列活动，带领学生传承中华传统文化，做有根的人，同时吸纳世界文化精髓，博采众长。在一年又一年的"节日"主题实践活动中，在暮去朝来的时光积淀中，拥有"中国灵魂、国际视野"的清华少年在慢慢成长。不仅如此，她还将"节日"主题实践活动与主题作文完美结合。作文源于生活，在课程实践活动中，"节日"主题就是生活化的。在活动中，许老师首先让学生讲解节日的来历、意义，进而收集与节日有关的图片、诗词、名言警句等，最后许老师指导学生根据资料，结合主题活动写作文。主题作文研究，是许老师在语文教学领域的研究重点。

更为难能可贵的是，她根据每个儿童的不同，为其"量身定做"相关活动，别出心裁，让每一个儿童发展自己的兴趣，呵护自己的兴趣，促使他们将兴趣转化为志趣！翻开这本书，您会看到很多学生的创作，即便小如页眉一角的丁香花。

阳抒诚和他的岩石社团的故事，已经被刊登在《新京报》《中国少年报》上。许老师的班级还有朱其晟的生命科学社团、白晓舟的奇遇画吧、王嘉宜的丁香雨话剧社、段博方的快闪小乐队、陈骏骐的纸飞机模型队、张宇洋的阳光体育社团、张宸的晨光摄影社……

就是这些丰富多彩的社团，让每个孩子都能在班级中找到自己的位置，人人都有一技之长，人人都有兴趣爱好。孩子们在社团中得到了宝贵的锻炼机会，发挥了想象力与创造力，在自己所喜欢的领域一展所长。

这些"私人定制"是呵护儿童个性、褒扬儿童个性的最有力的证明。让儿童成为自己——这才是教育的本质!

课堂小天地,天地大课堂!学校里的世界、班级里的世界、每一个人的世界,就这样向你展开,像鲜花开满原野,而那个守候的人、望着孩子们奔向人生远方的人,永远是许老师!

所以我要激动地告诉正在阅读这本书的您——当您翻开这本"宝藏",低头凝视她的学生们的作品所展现的世界时,你会感觉到每一个孩子所得到的东西"无穷大"。他们在学校里,在和许老师相遇的日子里,都有属于自己的位置、属于自己的世界。

生命不可重来,孩童在开始小学生活的最初时刻,许老师已经在他们身上播撒了他们可以享用一生的资本的种子。然而当他们渐渐长大,有的甚至个头高过了许老师的时候,甚至许老师已添白发的时候,谁又曾见过她老气横秋?生命已不再属于她自己,她已与学生们融为一体。她把生命的能量注入孩子们的成长,孩子们的成长又支撑着她继续前行。每次看到许老师与孩子们一起建构他们的世界的时候,你看不到她疲惫不堪的状态。只要站在孩子们的面前,她,就立刻又"灿烂"了起来!

她带领孩子们参观博物馆、美术馆、文学馆、纪念馆……每个地方她都要在周末或假日先去考察一番,以确定路线和参观重点。难怪学生在给她的颁奖词中评价她"兢兢业业",颁给她"永远最爱老师"奖项。而许老师,只是幸福地说:"为了孩子们,我快乐。"

"桃李不言,下自成蹊。"许老师的教育润物无声、不着痕迹,但许老师的成绩有目共睹。她获得了"紫金杯"优秀班主任称号,所带两届班级都获得北京市优秀班集体的荣誉称号。这肯定了被评为北京市师德标兵的她的付出,也是她的另一种人生写照。

不求太多的回报,把对学生的爱当作人生最好的净化剂。

儿童站在许老师专业生命的正中央,许老师也站在了儿童的生命里。

请跟着许老师，让她把你带进开满鲜花的广阔原野。

请跟着许老师，让她把你带进波澜壮阔的浩瀚海洋。

请跟着许老师，让她把你带进更为广袤的星空。

……

就这样，默默如许剑，平凡如许剑，在我们几十年平静的日子里，让我们感动的是她给学生们打开的世界。

又要迎来新一届学生了。

许老师又会对她的学生们说："用一生守望你，带着你与世界相遇！"

窦桂梅

序二·遇见您，就是遇见幸福

在时间的甬道里，在如渊的往事里，有些名字闪着光芒，任由多少尘事的叠压，始终耀眼。

许剑，女儿的语文老师，在相遇之后，在这十年之间，我珍视对方为心灵之友。

美好的相逢总让我有机缘觉察到生命中本有的那一层柔软，也常常为能有一刻的倾心而感恩相遇，更何况随着时间流动，我愈加笃定这是幸运的相逢。

我对女儿说：遇见许老师，就是遇见幸福！

教给孩子们从每一种生活中找到乐趣的能力

《带着你与世界相遇》，看着书名，我被感动了，被一种情怀和决心感动了，被一种行为和信心感动了。图文之间活跃着的老师和孩子们，是那么的富足，那么的充满灵性和智慧。"牵手春天""一花一世界""和秋天说再见""十岁的天空"……每个孩子在许老师的引导下都成为了诗书画的全才，每个孩子都是许老师眼里的宝藏，许老师的爱滋养出孩子们的信心，许老师的智慧呼唤出孩子们的灵感，于是，梦想和生活都有了色彩。

告诉孩子们：你看到的空间有多大，你改变世界的能力就有多大

当下是过去、未来的光阴交汇点，在日常时间分配的环节，这个点

小得像是白纸上的黑点,窘迫伴着纠结。时间对于每个人而言都是平等的,而许老师却可以陪孩子们去自然天地间、去古代的先贤志士居中、去音乐艺术里,并持续将活动呈现为各种形式的记录、思考、升华,许老师无疑提升了孩子们时间的质量。重读孩子们的文章,芬芳的行走和欢欣的采撷就在眼前。如今女儿近十个清华、北大同学均是小学同窗,这愈见得许老师教育家的风范和远见,这种功德和慈悲波及着未来。

每个人都要有看到未来的能力

看到未来是一种对待时间的态度。当大多数家长和孩子被眼前的一分一题固步,许老师和孩子们在写"给未来自己的一封信"。他们对过去和未来充满好奇心,对充满可能性的世界着迷,他们要以今天的努力构筑美好未来,以坦诚和真诚踏实前行……这些都是孩子们一生的精神财富。

在《瓦尔登湖》里,戴维·梭罗说:"时间决定你会在生命中遇见谁,你的心决定你想要谁出现在你的生命里,而你的行为决定最后谁能留下。"一草一物有情,一念一事有痕。当我们感恩与许老师的相遇时,也决心勤奋并宽广着,留在她的世界里,创造、传播、分享。

念念在心:遇见许老师,就是遇见幸福!

2008届学生家长　张宏芳

2015年5月29日

序三·我眼中的许老师

人的记忆是很神奇的东西,童年的事情对于一个成年人来说多半是极不真切的,同时也被孩童时期不断塑造的想象力扭曲得不成样子。倒像是人活了好几世,童年时光是上上辈子的事情了。尽管岁月催人老,但是即便是时光也有慈悲的时刻。不管是不是落了俗套,我仍旧想说,我在附小的日子历历在目,关于一个混沌却又机灵的小孩子的头脑,关于我最亲密的朋友们,关于一位我将感恩一生的老师,关于那剔透而绚烂的光阴。

惭愧的是,这么多年,我回附小的次数掰着手指都能数清楚。一是因为书读得愈多,需要看望的老师也愈多;二是因为我内心里总对自己不满意,觉得愧对于老师对我的喜爱和欣赏。今天,在短暂的旅途中总算找到了一个允许自己歇脚的地方——我重又回了附小。

再回附小,操场上多了新的雕塑,矮灌木迷宫变成了金属球的喷泉,风雨操场边多了一排运动器械,图书馆里多了一缸金鱼。属于我的那份回忆里面还有在操场上踢足球、打鸭子、玩永远击不中的板球,在迷宫里和伙伴们玩不知名的游戏,六年级在有风雨的操场里联欢,第一次吃了不加醋的饺子,在图书馆里看了一本又一本的《丁丁历险记》。现在,我仍然能在大学校园的路上碰到当时最要好的朋友,和他们回忆起在附小生活的日子,那是一种让人含泪的喜悦——没错,我称之为"生活"。

"现在"总被"未来"映衬得黯淡无光,而"过去"也是绷在"现在"

上的一根不可不拨弄的琴弦。记得小学的时候，总是觉得作业出奇的多，那时候会嘀嘀咕咕抱怨，现在却觉得十分有意思。年纪小、贪玩，可是许老师留的作业是读书、仿写或是画绘本，哪一个都是我不忍心抛弃的。所以经常在假期末尾的时候，书房的灯在十一点多还亮着——那是在拼命画画的我和替我"作弊"的妈妈。

妈妈总说我运气好，遇到的每一位老师都是生命中的贵人。而许老师正是我遇到的第一位良师。她对每一个孩子都是很认真的，欣赏每一个孩子，爱每一个孩子——大言不惭地说，我那许多才华都是许老师发掘和培育出来的。凭借着一根稚拙的笔和天马行空的想象力，我在许老师的赞赏之下开始设计制作黑板报、绘制绘本、写旅行日记，我年少时无处安放的旺盛精力找到了最好的归宿。时至今日，我仍旧对许老师怀着深深的感恩之情，感谢她一直对孩子们绵长的牵挂，感谢她用她的认真和赏识带着我与世界相遇。

我曾以为"蝴蝶效应"是无稽之谈。但是如今我渐渐明白，如果没有启蒙时期的引导与帮助，我又怎能在一次次考验与挑战中遇到优秀的集体，又怎能把自己打造成他们当中的一员呢？

再见到许老师，她和我从仰视的角度看的时候一样的温暖热情。在交谈中，我得知老师在教育上又有了新想法，组织的活动更加丰富而有意义。感受着她表情和话语中的活力与睿智，我又一次发觉，即便是时光也有慈悲的时刻，它会给予人睿智的思想与不老的灵魂。

想要构思一篇精致而感人的文章，最终还是逃不了碎碎念的俗套。写着，想着，我仿佛又回到了那个梦幻的、说不清的时光。但愿我的文字多多少少能够表达出了一点我对许老师的爱与感恩，去回馈我阳光般灿烂的童年。

2008 届学生　忻省池
2015 年 5 月 29 日

第 1 辑

遇见大自然

风云雨雪,花草树木,春去秋来,寒来暑往。大自然的幻变是多么的神奇瑰丽!人与自然的关系是多么的微妙!毫无疑问,大自然给予了人类最美好的礼物,大自然本身就是我们的老师,儿童应当回到知识最初的源泉——大自然中去学习,大自然才是最美的教室。

牵手春天

> 风云雨雪，四季变迁，我们赖以生存的自然环境就是我们学习的课程资源。古往今来，多少文人墨客描绘四季。于是，我想我们可以带着孩子们去聆风沐雨，观花赏月。最美不过人间四月天。

师：春色满园关不住。

生：一枝红杏出墙来。

师：等闲识得东风面。

生：万紫千红总是春。

师：最抢眼的当然还是春天的色彩！

生：那一抹抹新绿，似云烟；那一团团粉红，如霓裳；那一片片洁白，像云朵；还有那紫的、蓝的、红的、金黄的……

师：看，在那儿有朵小花！

生：小花是石头的头发。

师：孩子，你这句话太美了，就像一首充满想

制作春天的花环

象力的诗,我再给你加一句,我给小花梳头发。

师:你站在丁香花前干什么呀,一动不动的,是在想事吗?

生:嘘,我在听花开的声音呢!

师:嗯,春天如一幅幅流动的田园画面,装点着我们的心灵。

春色与校园的景观融为一体,怎一个"美"字了得?

当小雨淅淅沥沥地染绿大地的时候,当风儿逐渐柔和起来的时候,众所周知,春天来了!春天是万紫千红的:不仅因为花朵是万紫千红的,更因为春天是生机勃勃的,是充满希望的,人的心情也是"万紫千红"的。

在清华附小的春天里,樱花、丁香、玉兰竞相开放,蝴蝶在花丛中翩翩起舞,柳树吐出的新芽儿映衬着孩子们充满朝气的笑脸,朝阳将整个校园染成了金色。此情此景,让我一边拾掇春色,一边在酝酿着一些念头。这美丽的附小不也是我跟孩子们一起学习的教室吗?还有什么课堂比自然更美呢?我决定要让孩子们与春天有个约会!

于是,我带着孩子们在百年的附小寻找"清华附小第100个春天",我们的口号是"把最美的春天留在大地上"。就这样,我带着班里40多个孩子,开始描绘校园的春色。孩子们散落在春天里,美妙极了。

手绘春之树

我沉浸在这样的活动中。孩子们的嬉闹声是春天的歌声，伴着春燕、喜鹊的叫声，我的孩子们带着低年级的学弟学妹们就地取材，把春天留在这美好的时刻。

　　孩子们用粉笔在校园的石板路上作画，描绘出池中游荡的金鱼，刻画出羞得粉红的花朵，创作出学校灰白相间的建筑。我鼓励孩子们大胆地创造，要有自己的新想法，但一定要环保。于是，好多孩子就在学校碎石路上拿起一块块石头，在石头上画下丁香花、桃花等在春天盛放的花儿；其余的孩子则有的用柳叶穿成绿色项链，有的用柳条编织成帽子，有的用松针扎成花环，还有的用枯树枝摆成鱼……

　　孩子们是这样采摘春天的：他们每个人都有自己的小组，他们都在用自己擅长的技能——画画、手工等，收集春天给予他们的灵感。

　　眼前的这一幕一幕，不禁把我的思绪带回了20多年前的附小。那时，我刚从事教师工作，为了让孩子们了解花开之前的事情，知道拥有美丽之前需付出的努力，我在春天到来之际，为孩子们买来了七个花盆、七种花的种子，然后把孩子们分成七个小组，每个小组领一种花籽，然后就去播种。这样的要求，让孩子们收益良多。

　　在播种的过程中，孩子们很自然地就要学习种植的知识，他们要了解这种花的生活习性，还要给所在组的花起名字。我鼓励孩子们努力观察和思考，给所在组的花起个独特的名字，于是它们有的叫"金橘绽放"，有的叫"火红的玫瑰"……

　　花籽播种后，他们对种植知识的学习情况就能从花的长势中看出来，了解种植知识多的、悉心照顾的小组，花长得就好。例如有的组周末没把花盆拿回家及时浇水，花就长得不好。这样很自然地就可以对各组进行评价。

　　我让孩子们对小花的生长作观察记录，我想让孩子们从中体会到两点：一个就是生命的成长，例如第一次见到小苗破土而出；另一个就是知识，例如同一种花，光照充足的就比光照少的长得好，从中他们很自然地悟出了很多生命哲理。通过这种方式，我让孩子们体验了播种生命，感受了春天的生命是如何成长的。

在我看来，春天最美的就是花，所以我就把语文学习和亲近大自然整合到一起，让孩子们每个人选一类春天开放的花，然后去文学中找寻写这类花的诗词并诵读，然后切身亲近这类花，自己再写赞美花与春天的文章。

随着教学经验的累积，如今我渐渐发觉"牵手春天"可以作为一个课程，孩子们在学习生活中，真的应该牵手春天，与大自然相遇。在后续的课程中，我通过赏春、咏春、写春、绘春等课程环节，深化春天的魅力，强化孩子们对春天的感受！为了更好地开展寻找"清华附小第100个春天"这一主题活动，我让孩子们根据自己的兴趣爱好分组去寻找春天的美丽。我对小组成员进行分工——他们有的负责搜集关于春天的诗词，有的搜集春天的资料，有的负责绘制图片等。每个小组都力求创意独特，互不重复。好多孩子把我之前要求他们做的与春天有关的所有作业都找来了，为"春天"制作专集；不同的组分别以不同的思路去做自己的集子，全班合起来就是一个大集子。

就这样，我带着孩子们亲近校园，从校园到庭院，再到田园，走进大自然的春天，呼吸春的气息，触摸春的温暖，欣赏春的样子。感受春阳，聆听春雨，观察春花，抚摸春草，师生一起与春天相遇。

将树叶造型留在大地上

把春天留在手提袋上

春意盎然的校园

小花是石头的头发

春天绽放在校园小路上

第1辑　遇见大自然

一

今天是我们学校的丁香日,大家都要观察丁香。我选择的是知行楼下的那棵丁香树。那棵丁香树最大,花儿最多,香气也最浓,是校园里独一无二的大丁香树。她是由毕业的学生送给母校的,代表着学生对母校的热爱之情,我猜正因此,她才那么枝繁叶茂。

这棵丁香树的独特之处之一在于她那浓郁的香气,她的香气在你一出教室时就能闻到。在起风的时候,微风一吹,一股异香扑面而来,令人心旷神怡。虽然有的时候她香味浓郁,都让人不敢去闻,但闻起来却是芳香甜溢,神清气爽。

还有更特别的就是这棵丁香树花瓣多,成垛的花瓣长在一起,即使你是"火眼金睛",也能让你看得眼花缭乱。这些花儿密密麻麻地长在一

陈骏骐

起，有单瓣的，有复瓣的；有紫色的，浅紫色的，嫩白色的，半紫半白的。她们一齐开放，就是只数新枝上有多少花儿，也够让你目不转睛了。

我站在这棵丁香树下，仔细地观察着她。这时一阵强风吹来，香气顿时占领了天空，沁人心脾，令人有无限遐思。正当我沉浸在这芳香中的时候，一个飘落在我头上的小东西把我从幻想中拉回现实，我一摸头，哦，原来是一朵淘气的丁香花。我抬头一看，一个个"小伞兵"争先恐后地从树上飘落下来，你不让我，我不让你，生怕落在后面。忽然，小伞兵变成了一个个美丽的小精灵，有的穿着紫裙子，有的穿着白裙子，有的穿着半紫半白的裙子，漂亮极了。她们飘落在我这个观察者身上，好像在和我拥抱，刹那间，我成了"花人儿"。再一看，仿佛花儿都变成了小雨点，密密地、纷纷扬扬地飘落下来。我站在那里，惊呆了，也看呆了，处在美好的遐想之中……"叮铃铃……"清脆的上课铃响了，我才回过神来。哦，今天下了一场美丽芬芳的丁香雨！

丁香花

多美丽的丁香雨呀，你不这么觉得吗？

二

春天来了，校园里到处都洋溢着春天的气息——桃红柳绿，花香诗意。我沐浴在这宜人的春色中，观察起校园里的春天来了。

看，麦李那一个个黄色的花骨朵，在和煦的春风里含苞待放，那种娇艳的气质，一看就叫人喜欢。杏花和玉兰花虽已凋落，但树枝上已经长出了绿油油的叶子，孕育出新的花芽，等到明年春天首先开放的还是它们，首先带给人们春的喜悦的也还是它们。

我在静思中前行，看到了迎春花、连翘花和海棠花。迎春花，顾名思义，就是迎接春天的花，那金黄的花瓣，浓密地挨在一起，一丛丛，一簇簇，好似天上落下的小星星，惹人怜爱。迎春花没有兰花的高洁，也没有梅花的坚强，更没有竹的清秀和菊的火热，但它却给人一种朴素温馨的感觉，柔情万种。而连翘花虽不像迎春花那样娇嫩，却黄得灿烂，黄得耀眼，那是一种勇敢开放的黄色，充满活力。海棠花和桃花相似，大朵大朵的花瓣，密密地开放着，滋润人的心田。还有苍翠的大梧桐，巍然屹立，有千年的历史，永垂不朽啊……

我们的菜园也不甘示弱地展示着自己的春色，小苗悄悄地从地里钻出来，嫩嫩的，绿绿的，已经成片了。抬头远望，瞧见了早已驻进我脑海中的婀娜多姿的杨柳，"万条垂下绿丝绦"的柳枝随风轻拂，满眼的绿呀！但这种绿既不是碧绿，也不是深绿，而是那种淡墨绿色，那样娇细、妞妮的姿态，真是墨香流韵。那样姿态万千的柳，让人无法忘却的柳，那样铿锵的柳，从我上学的第一天起，一直都在那里，陪伴着我成长。

我到了竹林小憩，看节节高的竹。竹子一节一节，一节分一个杈，仿佛你帮我，我帮你，往高处生长。因为有了清秀和助人的好品性，竹子才会节节高，才会长成一片片的竹林，才会为人们营造了一片曲径通幽处。进入那一片幽篁里，就好像来到了仙境。竹的那种古朴典雅的特性，塑造出了这样美的景色，我仿佛听到了王维的琴音和歌声：高洁典雅的竹啊！端庄幽静的竹啊！用你那墨绿的书香流韵情来渲染人们质朴的心吧！

万紫千红，春天的期望。校园的春天，城市的春天，农村的春天，世界的春天，全部融化在那五彩缤纷的颜色中……

三

今天我又去观察校园的春天，一出修远楼，就惊奇地发现了许多不可思议的事情。三日不见，麦李花竟然齐开放！那原本含苞待放的花骨朵，现在洁白无瑕，微微露着淡黄的花心，展示着旺盛的生命力。再看别的花，成丛的丁香花，高贵的紫荆花，金灿灿的迎春花和连翘花，都依然盛开着。有些花儿虽然已经凋零，但它们凋落了花朵，生长了叶子，绽放出崭新的生命。开得很旺的还有二月兰，那小小的花朵里包含着一种坚强的力量。

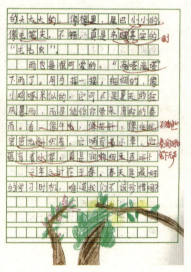

初春观察日记

青翠的竹子也不甘示弱,那铿锵的姿态,就像一位正直的君子。桐荫园里的百年梧桐,也在春天里绽放着自己的美丽,它努力地生长着枝叶。那一片片又大又宽厚的绿叶,遮挡住阳光,带来了阴凉,同学们在树荫下嬉戏玩耍。迎风摇曳的细柳晃了我的眼,那婀娜多姿的窈窕神态,那墨香流韵的高雅情操,吸引了多少文人墨客。

校园的春天是静怡的,也是喧闹的,因为还有活泼可爱的动物大军。小鸟在枝头放声歌唱,小虫在地面上忙忙碌碌,华宇池里的小鱼也在水里尽情地嬉戏。

春天来了,遍布整个校园。满园春色,生机盎然。

——陈骏骐的《校园的春天》观察日记

一花一世界

> 一花一世界,一叶一菩提。花是世上最美的事物之一,静听花开的声音,欣赏它绽放时的美丽,也为它的凋谢黯然神伤——花的世界就是人的世界。爱生活,就从爱花开始,从爱附小的丁香花开始。

师:你瞧这菠菜呀,真是新鲜呀!

生:许老师,这可是我种的呀!

师:是呀,为你高兴!

生:看着这个菠菜长大的,不忍心把它卖掉呀!

师:哈哈,对它很有感情呀,你可以不义卖呀!

生:我还是把它卖掉吧,可以换钱去支援边区的小学。

师:你也可以剩点,回家用菠菜炒个菜,也算是自给自足呀,没有污染哟!

生:哈哈,我要用菠菜炒鸡蛋!

师:我们义卖后,要建立班级菜园基金,要把我们的小菜园扩建!

收获的喜悦

生：种菜真的很有意思，这些植物很有生命力。

师：我们班级要有收获节！让同学们都来讲讲自己的种植故事，与这些花花草草、植物种子的故事！

舌尖上的菠菜

在附小操场的西北角，有一处世外桃源，那里呈现着一派田园风光。那是一片小菜园，是老师专门为孩子们精心开垦出来的，一片可以让他们亲手种植蔬菜的试验田。在充满书香的校园中，向小菜园望去，

在学校小菜园撒种子

满眼绿色，让人心生愉悦。于是，我们班就把这美丽的菜园当成了我们的田园基地。

春天来了，我发现播下的种子有了很多的变化，有的正在拱出土壤，有些已经长出嫩芽，有些长出了叶片。欣喜之余，我带着孩子们天天去观察，用画笔记录它们的成长。小小的角落就成了孩子们探索自然的课堂。

渐渐地，孩子们对小菜园产生了感情，每天不去那里看看，就感觉好像缺了什么。而每天的关注都会让他们有欣喜的发现。今天叶子长长了，明天好像长高了，忽然有一天结出了果实：小西红柿、豆角、茄子、葫芦、丝瓜……不仅收获了果实，孩子们还发现原来植物的世界藏着这么多奥秘：豆子是这样生长，黄瓜是挂在枝上顶花带刺的，花生是长在地下的。孩子们惊叹于大自然神奇的力量，惊喜于植物生命的成长与变化！

与老师一起浇水

在教室之外，我们又找到了一个关于生活的课堂——最美的教室在泥土中，在大自然中。蔬菜成熟时，孩子们兴奋地穿梭在高高挂在枝头的葫芦下，孩子们亲手摘下绿

在小菜园忙碌

园子里的小黄瓜　　　蔬菜义卖　　　蔬菜义卖进行时

采摘大油菜　　　　　　　快乐丰收节

豆荚，从里面剥出绿豆籽，一个个调皮的小豆子就在孩子们的手上滚来滚去……那份与自然的亲近，让久居城市的孩子享受到了村野丰收的喜悦，连最淘气的孩子也变得沉静。

过了收获节，我们将收获的蔬菜分享给全校师生，又将剩余的进行了义卖，收入作为菜园基金。

通过在菜园进行的活动，孩子们学会了观察，更加懂得了尊重生命，真可谓一花一世界，花草树木是世间最微妙的生命，孩童又怎么能与它们错过？我常带着孩子们观察植物，特别是花！我相信在每个人心中都藏着一朵最美丽的花，因为其独特的芬芳，而被永久地留在内心。

从菜园走向花，孩子们对生命的理解越来越细腻。"秋丛绕舍似陶家,遍绕篱边日渐斜。不是花中偏爱菊,此花开尽更无花。"我特别喜欢元稹的这首《菊花》,我就把我最爱的菊花带给孩子们。为了让孩子们全方位领会菊花之美,我在秋天专门带着孩子们去北海公园赏过菊花,那儿有菊花展览,我带着孩子们身临其境地观察菊花。

赏菊本身就是一个主题教学行为,学生们可以了解菊花的品种,欣赏各种各样的菊花,然后给菊花起名字。我要求孩子们在观察后,把菊花之美写下来。我还曾带着孩子们一起开了菊花茶话会,大家一起赏菊,喝菊花茶,谈菊,最后写菊。我还让美术老师领着孩子们一起画菊花。

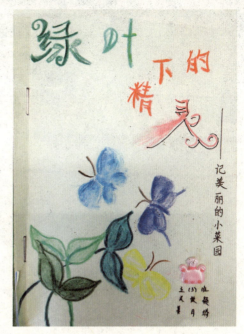

小菜园文集

菜园手绘地图

欣赏创作的菜园模型

我还带着孩子们从《诗经》里找寻文人们赞颂菊花的文字,还有

自制菜园立体模型

跟菊花相关的故事。我认为，在这个过程中，孩子们增加了对传统文化的热爱，同时拓宽了相关的传统文化知识，如在品读陶渊明《饮酒·其五》中领会"采菊东篱下，悠然见南山"的卓尔不群、闲适高洁；在诵读黄巢咏菊名篇《不第后赋菊》"待到秋来九月八，我花开后百花杀。冲天香阵透长安，满城尽带黄金甲。"中感受豪杰情怀，养浩然之气。

用画笔描绘春色

芳草之歌

赏菊花仅是我在12个月中，带着孩子们感受每月之花的缩影。一年有12个月，每个月都有代表该月的花，我把这类花都叫作当月花仙子。以此为基础，我为孩子们开设了月花仙子课程——研究每个月花仙子的习性。我把孩子们带到公园、植物园去欣赏花卉，并与孩子们一同写出、画出这类花的美丽。

通过"花卉"这个主题课程，提高孩子们的写作能力，培养他们观察

过丰收节了

生命细节的习惯。我让班里的四五个孩子结组写接力日记，每人每天写一篇，第二天传给下一个人。接力日记内容广泛，图文并茂，诗歌、散文、记叙文都有。他们用接力日记记录当天发生的故事，记录四季变化。花开季节，花自然成为孩子们的共同话题，也就自然诞生了一组一组精美的有关花的语言。

在小组写接力日记的同时，我还鼓励孩子们做标本。班里的小雷同学把自己家所在的院子里的所有植物的枝叶标本都组合在了一张图片上，包含了金银花、苦菜花等在内的29种植物。

我也帮助小雷举办了"小院植物"标本展览，极大地鼓舞了孩子们做植物海报的热情，孩子们纷纷做出了牡丹、郁金香等植物的海报。我随后将这些植物海报在学校展出，并针对这些植物海报中所涉及的植物知识组织学生在班内进行观展知识竞赛，孩子们反响热烈。

课程跟着季节走，到了雪花飘舞的冬天，我们就开始研

小雷制作的小院植物标本

菜园小记

究松、竹、梅这岁寒三友。

我们的课本中正好有一个单元就叫岁寒三咏，我们把这个单元做得更加深入了。我带着孩子们深入学习关于岁寒三友的相关知识，给孩子们分小组，让他们将本组了解到的知识通过书法、绘画等手段制作成海报。

孩子们还设计了一个以岁寒三友为主题的班会，其中有个环节就是辩论哪种植物更能代表冬天的精神。孩子们分组进行辩论——你赞美松，我赞美竹子，他赞美梅。有的小组边说边演，在这一系列的课程活动中，孩子们的知识、能力、品格都得到了很大的提升。

制作解读花语的海报

岁寒三友海报

"晴朗的上空，云卷云舒，风雨沧桑，却掩不住你的清灵雅丽。忽然袭来一阵风，你拢拢发梢，微笑，却始终不变。人们嗟叹着你不柔不刚的风度，你并不妖娆地婀娜起轻巧的身姿，携一份浓郁的香气。淡紫的蕊轻轻摇曳，云淡风轻。"这段话出自刁沐心同学所写的作文《迷情薰衣草》。

文风质朴清丽,曾被记者赞为绝不像小学六年级孩子所写的文字,但我敢打包票,这确实是刁沐心在小学六年级时写的。除了这孩子,我们班还有很多文章写得特别漂亮的小"才子"小"才女"。对于为何能培养出文章写得如此亮丽的"才女"和"才子",我认为除了与孩子们的天资和家教相关,还有就是主题课程和花。

收获童心

家中,泛着淡淡甜甜幽幽雅雅的香气。纤细不过手指般粗的主干,撑起色泽不鲜亮的叶,几片叶的中间,有一簇小小的花,约有五六朵,是不很鲜亮的黄色。远望,根本看不见花。那一束只有米粒大的花,把自己藏起来了。远远地看,几根细枝撑起绿色的叶,让我有种错觉——那姿态,像极了一位正翩翩起舞的绿衣仙女!若不是你幽幽的香提醒了我,说不定我什么时候就把你捧出土来赏玩一番。

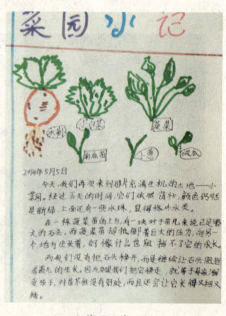

小菜园观察日记

——王 悦《桂咏》

百合花大多喜欢凉爽、湿润、半阴的环境,较耐寒冷,而且还少病和虫害。给人非常坚强的感觉。但要栽培并不容易,于是这又让我觉得它有娇气的一面。一般人觉得它只是好看，就没有别的用处了。但我了解到百合可以作为药物来用。我听说百合主治痰中带血、虚烦惊悸、失眠多梦等症，这又让我佩服得五体投地。我曾在宏状元粥店喝过百合粥，那粥里的百合像清凉的手，抚摸我的喉咙，给我很舒服的感觉。中国人早就知道百合的药物作用，在《神农本草经》里就有记载。让我为这美丽如仙女般的花而感叹。

——王雯兮《百合物语》

菜园丰收节海报

学生手绘竹林图

随着时间的流逝，文竹的叶子也会慢慢由绿变黄，进入"老年期"，不久它就会完全枯萎，轻轻地一碰，叶片就像下雨一般，纷纷往下落，最后，地上像是铺上了一层金色的地毯，而文竹的枝干上就什么也没有了，这时，文竹已默默无闻地走完了它平淡而又精彩的一生……把文竹枯萎的枝条减去，精心呵护，一个月以后，文竹又会长出新的枝干，长出绿叶……文竹拥有顽强的生命力，令人赞叹不已。

——陈玮璐《文竹》

和秋天说再见

> 秋叶是大自然的馈赠,玩转秋叶,和秋叶做朋友,让童年跟着旋转起来,我们也就和自然融为了一体。在我们身边,还有那么多自然的礼物,当我们和他们共舞时,我们会发现,我们与自然息息相关。爱自然,爱生活,从秋叶开始。

师:碧云天,黄叶地。秋色连波,波上寒烟翠。

生:被金色渲染的秋天是明丽的,唤起我一颗童心,我们来玩拔根游戏吧,你挑一根,我挑一根,纠缠在一起,看谁能把谁的根扯断。

拔根比赛即将开始

第 1 辑　遇见大自然

师：好呀！

生：我赢啦，我赢了呀！

师：哈哈，大家一起来玩天女散花吧！

生：什么是天女散花呀？

师：秋叶是缠绵不尽的，正如现在缠绵在心头的片刻欢愉。请孩子们自己堆积落叶，之后将落叶抛向空中，让身心同时得到一次快乐的体验与冲击！

师：秋叶带给我们的启迪是无穷无尽的，它在每个人的心头，留下了不同的味道。这个秋天，是个活泼的秋天，这个秋天，是心花儿开的时节。

生：我们把树叶抛向天空，落下来……哇，好美！

师：在所有的人将手中的叶子抛向空中之时，一起和秋天说再见吧！镜头将定格在此时，留住这永远的感动，是童年，是记忆，是永恒。

图文并茂记录拔根比赛

好玩的天女散花游戏

带着你与世界相遇

"自古逢秋悲寂寥",而在我与孩子们的世界里,每年秋天都会成为我们快乐的记忆。

"千刃弯刀""蜘蛛侠""黑衣侠客"……各路大侠与绝世利刃纷纷亮相,把我们引入群雄逐鹿、一决高下的宏大场面里。猜猜故事发生在哪?就在附小校园操场上举行的"拔根大决战"中出现了上面那一幕。

玩秋叶,品秋果,赏秋景……秋天为我们展示了大自然的无尽宝藏。单是秋叶,已为我们拥抱自然提供了无限的可能。在我看来,落叶缤纷,绘织着一幅灿烂的金秋图。范仲淹先生这样描写浓浓秋意:"碧云天,黄叶地。秋色连波,波上寒烟翠。"着实,这番清雅秀丽的景象令人慨叹,令人沉醉。但是,金秋,这个令人心花怒放的季节,仿佛缺少了些什么。细细品味沉思后才发觉——缺少了那一串携带着童真的爽朗的笑声,因此我就应和着季节,带着孩子们"玩转缤纷落叶,欢度激情金秋"。

当我们读懂了秋天的语言——秋叶,我们就有了最好的玩伴。秋叶,可谓浑身都是宝。拔根、叶子迷宫、叶子地雷、叶子仗、制作叶画……样样不离它。拔根,是北方孩子在秋天常玩的游戏。孩子们四处寻觅最粗壮的树叶根,经过一段时间的精心养护,让树叶根变得更强壮,变为各自心中的绝世利刃。孩子们还会带着美好的期望给自己的宝贝命名,有的名字来自《三国演义》《孙子兵法》等传统经典。取名大赛也应运而生,不少孩子荣获"优秀根名"奖。然后是最激动人心的好戏——拔根比赛,孩子们个个化身绝世高手,用手中的利刃进行比试,各显神通,高兴得很。

除了将树叶作为"拔河"的工具,我跟孩子们在秋天还开发出了叶子迷宫这一创意活动。首先我带动孩子们进行思想风暴,设计出与众不同的迷宫,随后孩子们就在地上画出设计图。画完之后在设计图上用叶

在天女散花游戏中享受秋天的洒脱

子建造迷宫，然后就开始走迷宫。

我还常和孩子们玩叶子地雷这个游戏。叶子地雷就是在设定的跑道上凌乱地摆放着一些叶子，有些是金黄璀璨的叶子，有些则被贴上了"地雷"，没有踩到"地雷"并且第一个到达终点者即冠军。地雷就是有些叶子后面贴一个花，上面写着文学常识问题，答对了就得分。比赛就是看谁能用最短的时间答对迷宫路上的问题并走出迷宫，并且在途中还不准踩住叶子。我认为，这个过程极大地激发了孩子们的创造力，并寓教于乐。

用树叶和秋天说再见

我们在秋天，可谓把叶子的价值"吃干榨净"了，除了拔根大赛、叶子迷宫、叶子地雷，我还和孩子们打叶子仗。在打叶子仗的过程中，用孩子们的语言来形容，那就是把叶子比作"弹药"，逐渐体会到"敌人的狡猾"，感受到敌人"蜂拥而来""四面树敌"的危险，体会到"奋起反击""转败为胜"的欣喜。

如果在美丽的金秋到我们的教室走一走,那些绚烂多姿、风格各异的叶画最是引人注目。班级窗台上、板报里,都是孩子们精心创制的叶画。目睹着孩子们极富想象力的佳作,我怎能不为之动容、不为之赞叹?在秋季,孩子们除了在户外尽情释放他们的生命力以外,也可以在室内静下心来构思与创作他们心中的秋景,一动一静,两相宜。

　　由于秋天是个丰收的季节,我还会在此时和孩子们在课余时间一起去进行挖白薯、采苹果等采摘活动。另外大家还一起秋游。秋游时,我有意识地带孩子们到一些景色迷人又兼具教育意义的景点,例如长城、詹天佑纪念馆等。游万里长城,感叹巍峨长城乃心血铸就;望詹天佑主持修建的人字形铁路,体味家国情怀与民族自豪感。孩子们一览祖国壮丽河山,回顾历史,展望未来,抚今追昔,历史的厚重让他们也在秋天成长起来。

去果园摘苹果

　　在整个课程活动中,养根取名,叶子仗、叶画、秋游……其中的种种元素经过整合后更具有了丰富的韵味。你能分得清这一课程讲的是生物、语文、体育、美术，还是历史吗？一切尽在不言中，也许这就是大自然之秋天课程的魅力吧。

我喜欢在秋日的飒飒西风中奔跑，喜欢独自分享心底因金秋到来而瞬间得到的欢愉，喜欢跳跃玩耍在秋叶之上，喜欢叶画赋予秋叶更长久的生命。与秋叶的游戏，为我和孩子们带来了无穷无尽的快乐，带给了我们关于秋天的美好回忆。我和孩子们该怎样体会大自然的玄妙，该怎样感谢大自然的恩赐？

孩子们，谢谢你们带着我与秋天相遇！当美丽的秋天过去了，当我们和秋天说再见时，我们会发现那些秋叶带给我们的欣喜，那些秋果留在口中的甘甜，那些秋景带给我们的思考，那些是永不消逝的画卷！

收获童心

9月刚开学，许老师告诉我们要举行"拔根大决战"，我又激动又开心。于是，利用课余时间，我在学校四处寻找粗壮的树叶根。四处寻觅之下发现，学校B楼后边的地上铺满了黄澄澄的树叶，我仿佛进入了一片黄色的海洋。在这个寻根者的天堂里，我找到的是一根又长又粗的根。

更好玩的事发生在"取名大赛"，大家在比赛前先给自己的"兵器"起个响亮的名字，第一位上场的是韩宇阳，他给自己树叶的根取名叫"兽皇破邪"，他是用三国故事里的招术取名，想让他的树叶根打败所有的对手，所向无敌。

当比赛进行到一半时，谢翔涛带着"残刀"这一"兵器"来"出征"，"这根以前长得像一把刀，百战百胜，但在一次'战斗'中被对手拔成了两段，但它较长的一段前端还是很坚硬，我想让它东山再起，所以给它取名'残刀'。"

取名大赛已接近尾声，班里的气氛也沸腾到了极点，许多同学都跑到讲桌前争先恐后地介绍自己给爱根取的好名。"铃——"清脆的下课铃声响了。取名大赛结束了，同学们有的因为被评为"优秀根名"奖而非常满意，也有的因为没有来得及介绍而垂头丧气，但取名大赛让大家长了知识。

　　最激动人心的是"拔根大决战"，经过层层筛选，每一组都派出了"精英队员"参加大赛。正式的比赛开始了。八位参赛选手一同走到台前进行第一回的比赛。我一声令下，四组选手将两根根十字交叉，拼命地向后拉，只见他们两眼发直，双手绷紧，冒了一身冷汗。

　　大赛进行了两分钟，我们组和对手还没分出胜负。突然，"啪"的一声，我们组的树叶根断了，我吃了一惊，忍不住"呀！"了一声，垂头丧气地坐在了位子上。只剩下四位选手了，他们是王亦石的"千刃弯刀"、邹天澍的"蜘蛛侠"、章安媞的"黑衣侠客"和梁心遥的"百战不输"。最后的比赛开始了，选手们将两根交叉，用力地向后拔，有的同学都冒出了汗珠，有的累得坐在了地上，有的被对手拖出了老远，还没分出胜负。这些同学虽然很累，但这"拔根"比赛给我们留下了深刻的印象。

——马云行《与根在秋天的故事》

第 2 辑

遇见清华园

　　清华园,一个多么美丽而令人神往的地方,久居其中,很容易细细品味到它的美。在清华园相遇当然是一件美事,清华园既有皇家园林的风范,也有百年学府的风韵。清华园是一座寻宝园,里头的宝贝太多了,不管是古典建筑还是人文景观,都应有尽有,呈现着完整的教育资源。无疑,对附小的孩子们而言这是莫大的福利。我与孩子们用心去感受清华风物、人物及历史,去寻求清华园动人心魄之处。

童音园

> 一个人无法选择自然的故乡,但可以选择心灵的故乡,清华附小就是我们共同的心灵家园。每天,我们都生活在这里,她是我们身边最好的、最近的课程资源。爱她,就从了解她开始。

玉兰开了,
白得如银、如云又如雪,
纯洁无瑕,
高贵而典雅,
一朵一朵,
冰清玉洁,
坐立在枝头。

丁香开了,
紫得如山、如绸又如黛,
它们摆动自己柔弱的身子。
远望,
淡紫与深紫抱在一起,
像一朵朵紫云漂浮在树的上空,
有一种无可比拟的美丽。

美丽的玉兰

金菊开了,
金得如玉、如火如太阳,
在春光中舞蹈着,
仿佛一位美丽的舞女。
一片片金菊,
灿灿闪光,
发出柔和而又温暖的光芒。

樱花开了,
粉得如裙、如丝如脸庞,
在春风的吹拂下,
竞相开放,
开出了一簇簇中日友谊的花,
一株株粉嫩嫩的花,

手绘附小

引得彩蝶时时舞。

花，
捎来了春的讯息，
捎来了春的希望。

——付 娆《花之颂》

孩子们的《花之颂》其实是在歌颂附小，因为孩子们就是在校园里看着这些美丽的花来写诗的。

我们的附小位于清华大学西南角，是清华大学的后花园，是一座拥有自己的人文艺术景观，充满

梧桐树下写生

第 2 辑 遇见清华园

高年级姐姐讲附小景观文化

桐荫乐园充满欢笑

鸟语花香的园林式书苑。在这般校园里,师生很自然地就受到了感染,很自然地就沉浸在这美好的校园环境中。慢慢地,校园就成了隐性的教育资源,老师的很多课程活动都可以在校园里开展。数学老师可以带着孩子们丈量华宇池的戏水栈道;科学老师可以带着孩子们在福寿园种植,美术老师可以带着孩子们到梧桐树下去写生。

作为班主任的我,更是依赖这个"童音园"——我们班孩子为附小起的昵称。校园里有一棵上百年的梧桐树,树下就是桐荫乐园,孩子们可以在乐园里玩沙坑、玩娱乐器械,乐趣十足,孩子们觉得附小就是一个乐园,一个家园,在这个园子里就能听到童声,摸到童心。这满园的童趣四处弥散着,沁入孩子们的心底,润泽着孩子们心灵。

在这么美丽的校园里,我总想通过整合来做些什么,特别是通过语文课给孩子们渗透美好的情感。一个孩子如果连他的学校都不爱,肯定也不会爱上学习。我决定把附小作为一个主题，来打造班级课程活动。

首先，我请来负责校史整理的老师为孩子们讲解附小的百年历史及文化。王老师从1915年的成志学校一直说到现在的附小，说完校长及老师的感人事迹，又说我们今天学习的珍贵与重要性，丰富了孩子们对附小的认识，加深了孩子们对附小的感情。

紧接着，我就让孩子们到校园去寻找最有故事的地方，并将故事、感情表达描述出来。孩子们选出了附小十大最有故事的地方，把自己平常的生活与附小紧密地联系在了一起。附小当然也有自己的十二大人文景观，可在孩子们心中附小最有故事的地方，或许是某个楼梯的转角处，因为那是他们开秘密会议的地方。

漫步在附小的校园里，你很自然地就会读到嵌在灰墙上的"文化石"："三人行必有我师""道可道，非常道"等。我就带着孩子们数校园里有多少块"文化石"，这些"文化石"上的文字出自哪本传统经典。让孩子们从自己的发现中获得知识，他们记忆得最深刻。同时，那些话语浸润着中华千年的文化精华，像

附小·修远楼

欢乐的学生

探秘附小植物

一杯美酒,酝酿出饱含岁月沧桑的人生道理,也启迪着孩子们。在寻找"文化石"的过程中,他们顺便研究了学校的各条路,为路取名字,于是我们就又有了附小的路文化课程。

除了寻找像"文化石"这种建筑景观,我还带着孩子们种树,带着他们研究校园里的树,打造树文化课程。春天一到,我就请自然老师来讲关于树的知识和历史,还找来老教师讲附小的树。老教师谈到校园每棵树的故事时说:"就操场上的那些杨树,都是五几年种的,不容易呀!十年树木,百年树人,现在后人才乘凉,当时都光秃秃的,现在长起来了,枝繁叶茂的。""你看校园里杨振宁爬过的这棵树⋯⋯""你看那棵丁香树,是2008届学生送给母校的。"

除了让校友给孩子们讲这种有故事的树,我还让孩子们自己寻找与自己有特殊故事的树,比如校园里给我留下童年快乐最多的树。我也会

手绘美丽附小

带着孩子们去统计学校树的数量、品种,为每棵树建立档案。

从研究校园里的树,到研究花,研究建筑,研究校园布局,再到绘制我心中的附小,这中间发生了太多有趣的故事。从低年级时孩子们听高年级同学讲校史,到如今他们给学弟学妹们讲校史,关于附小的主题课程越来越丰富,也越来越有传承性。我很高兴,给孩子们一点启发,他们就给了我太多的馈赠,孩子们做出来了一系列的作品:做附小明信片,画附小十大名花,绘制附小十二景观,记录附小最有故事的地方,做附小代言小卡片,歌颂附小诗歌展,采访老教师作文展……

那届学生即将毕业的时候,全班制作完成了《遇见清华附小的植物》——一本小册子,里面不但有相机下的植物、关于植物的科学介绍、历代文人墨客咏植物、手绘植物,还专门设计了一个开放版面,让低年级的孩子自己做观察记录——或写或画或拍下来;他们甚至还想到加个小信封，让读的孩子把标本放进去。

附小的丁香花

附小牡丹

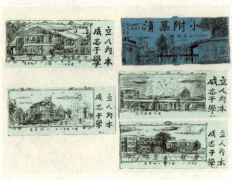
"立人为本，成志于学"

附小十二大景观

校园一景——华宇池导游词：

　　大家好，欢迎来到清华附属小学，我是导游张宇洋。先为大家介绍一下我们学校的整体情况吧。我们学校历史悠久，创立于 1915 年，2015 年将迎来它的百年华诞。我们学校英才辈出，诺贝尔奖获得者杨振宁爷爷，两弹元勋邓稼先先生，跳水冠军何姿姐姐，都是我们的骄傲。

您了解我们学校的华宇池吗?下面就由我来介绍一下吧。华宇池是学校最具灵动感的代表作之一。池中交错纵横的栈道,供同学们玩耍,课间时分,这里充满欢声笑语。再看水中一条条可爱的小鱼,在栈道下穿来穿去,像和我们一起捉迷藏。华宇池中间是雕塑"天圆地方",象征着做人要包容圆满。球上的三个正方形框,隐喻"一生二,二生三,三生万物"。

——张宇洋

我在清华附小已经学习三年了。在我的印象中,那里是一个鸟语花香、绿树成荫、流水潺潺的地方。在湛蓝的天空下,我们欢乐地玩耍,健康地成长。

手绘童音园

在这热闹的校园里,有一处古色古香的地方——丁香书苑。

走进丁香书苑,第一眼就会看到一座青铜色的雕塑,它名叫《清源》。乍一看去,它一点也不起眼,只不过是一个小球上面加上了清华大学二校门图案，再在上面刻点花样儿。我纳闷，我们学校什么设计都很用心，把这么简单的东西放在这里有什么用啊？这引起了我无限的好奇心，决定走进去好好地看一看。

走近一看，我发现自己想错了。这个雕塑的组合看似简单，可它的每一个细节都无比精致、巧夺天工。最令我惊讶不已的是那个小小的二校门。它上面的纹路精巧细致，就连上面那些凹凸的地方，刻得也一丝不苟。我绕着《清源》走了一圈又一圈，发现它上面有些地方已经生锈了，这更显现出它历经了许多春夏秋冬和风风雨雨。

书苑里有许多教室，我最喜欢的是图书馆，那里有图画精美的漫画书，有文字简单的绘本，有生动有趣的小说。在那里，谁都不会大声说话，就连平常很闹的同学，都不敢发出任何声响。在学校，我最快乐的时间都是在图书馆度过的，不知多少次，是上课的铃声把我催回课堂。

我也喜欢书法教室。每次当我走进去时，都会闻到一股扑面而来的墨香，我就会不由自主地静下心来，拿起毛笔，认认真真地在纸上一笔一笔地练习。

啊，我喜欢古色古香的丁香书苑。

——朱 伊《古色古香的丁香书苑》

小脚丫游清华园

> 清华附小就坐落在清华园中，我们在荷塘文化中成长，从附小走进清华园，走进这个离我们最近的家。阅读它，就先从读它的历史和文化开始。

我感激水木清华这美妙无比的大花园里的花花草草。在想到头痛欲裂的时候，我走出图书馆，才觉出春风、杨柳、浅溪、白石，水波上浮荡的黄嘴雏鸭，感到韶华青春，自由的气息迎面而来。

清华学堂

亲爱的游客朋友们，欢迎你们来到美丽的清华大学，这里历史悠久，景色宜人。在这样一个秋高气爽的日子里，我们一起走进清华园，

清华印象——二校门

必将是一种美的体验、美的享受。在接下来的时间里,我和另外几个小导游,将带领大家一起去游览清华园里几处有代表性的景观。我们将要介绍给大家的第一处景观是——门。

清华里有许多门,其中比较有特色的是西门、二校门和东门。这三者中又以二校门最负盛名,每个到清华园来的人都会与它合张影。二校门是清华园最早的学校大门,它始建于1909年,到了1933年西院住宅区扩建,园墙外移,于是有了西校门。此后,在习惯上,人们便称原大门为二校门了。

二校门本来是一处古迹,当年是清华园的大宫门,所以风格跟圆明

二校门

园中的西洋楼很是相近。清华园原来是康熙皇帝的行宫，初建时有两道宫门，大宫门大殿叫作永恩寺，也就是现在的二校门。它的主体是由青砖砌成的，涂着洁白的釉质，一片缟素的颜色映衬着两扇虽设而常开的黑栅栏门。大门上"清华园"三个字是清朝大学士那桐题写的。

二校门见证了清华园的动荡与平静、兴起与腾达，它既精巧又雄伟，兼具形态和内蕴的美丽，是一道独特的风景，一个不朽的艺术品。

看着孩子们落落大方地在陌生的游客面前侃侃而谈，我很是欣慰。从孩子们在附小校园里为老师讲解附小时的扭扭捏捏，到如今走入清华园为陌生人讲解清华园，这是一个完整的教育过程，我和孩子们在这个过程中受益良多！

自创的清华风景纪念册

描写清华园的作文

有专业范的小导游

开展"清华小导游"活动

准备在一两个月里作游清华园课程，我开始了各种布置。首先是布置教室，我们班被命名为梁思成班。我开始有意识地往班级书柜里放关于清华园的书，等到孩子们开始认识梁思成和开始读关于清华园的书的时候，我就向孩子们宣布，我们要作关于清华园的小课题研究，我们要"攻占"清华园。孩子们听到要研究清华园，手舞足蹈起来，很开心！

清华园·大礼堂

清华园·课题研究板报

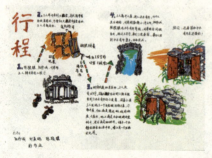

清华园·寻找遗址行程

清华园·考察报告单

随后，我就开始安排孩子们以小组为单位，自主学习，自主研究。有些小组商量绘制清华园的名人故居；有些小组讨论交流去清华园的路线，有些小组要专门研究清华园的雕塑；有些小组说要研究清华园的植物与建筑，有些小组要研究清华园的水……孩子们的学习劲头十足。看着他们这么热闹，我随即和他们一起将小课题研究命名为"寻根清华，筑梦附小"，意思是每一位孩子都能在清华园找到自己的梦想，并且将来还要考上清华大学。

清华园·树木观察报告

清华园·生物标本馆

为了让孩子们更进一步走进清华园，我请来了一些家长和老师为孩子们讲解清华园，并创设了清华小导游课程，给孩子们提了"四个一"——了解一个清华人物，了解一处清华风物，了解一个清华故事，

清华园·汽车实验室

了解一项清华成果。同时我还让他们绘制一幅与清华园有关的画，拍摄与清华园有关的照片……孩子们收集资料，制作展板，又在班里召开了以"走进清华园"为主题的班会，并定期观看清华园故事光盘，就这样，"游清华园"这个主题越变越丰富。

我认为课程与活动不分家，好的课程首先一定要能调动孩子们的积极性，一定能满足孩子们的求知欲。"寻根清华，筑梦附小"的课程充分激发了孩子们的学习兴趣。孩子们既是课程的参与者，也是课程的开发者。大部分孩子的家长或长辈都是清华人，与清华有着不解的缘分，孩子们被动的学习很容易地就变成了主动学习，他们在清华园中的收获实在是太多了。

清华园·走进清华校史馆

最后，孩子们通过丰富多彩的形式，诠释心中的清华园，表达游清华园的感受与收获。我们将活动成果分为荷塘墨韵（学生书写描写清华园的美文名篇）、荷塘诗情（学生自创的描写清华园的诗歌、美文）、荷塘画廊（学生绘制体现清华园风采的画卷）、荷塘倩影（学生创作清华园景物、人物、风采的立体作品，如纸雕、布艺、模型、泥塑等）四个展示板块。就这样，孩子们在清华园里感受着，浸润着。

清华园·我的清华手抄报

↑清华园·"荷塘月色"作品

←手绘清华园·闻亭

第2辑　遇见清华园

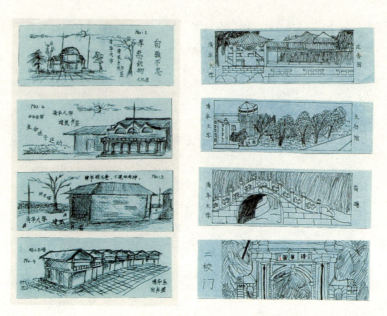

手绘清华园·建筑书签

收获童心

终于，我们到了心驰神往的地方——清华大学美术学院。一进大门，首先映入眼帘的是宽敞的大厅，大厅的上方是一根又一根的红线。我们进入了展览室中，这里的每一样东西对我来说都是新奇的，油画，创作，服装等，真是令我眼花缭乱，不过……

不过，最吸引我的还是一个叫"影"的作品。说实话，我老觉得这个弓着背的人有点像一名蓄势待发的运动员，他有着健美的身躯，一块块肌肉是那么的明显而健康。我一开始还没注意到，这弓背的人的下面有一块玻璃，正好照到了这个人健美的全身。我有点奇怪，这时应老师告诉我这其中的原因。应老师说："'影'代表的是一种审视自我的心理和谦虚的精神。"

我这才了解到作者的用心良苦,我想:人没有这种敢于面对真实自我的精神,他便不会成功,甚至会名声扫地。这雕塑虽然不会说话,但是,它却在默默地告诉我们,若要成功我们需要的东西,对,是面对真实自我时的那种魄力和勇气。正如书中一句话说得那样:没有人是一定完美的,只有那些敢于审视自我,发现问题并改正的人才是真正的强者。是啊!人无完人,而只有那些人,才可以获得成功。

我痴痴地望着这座矗立在大厅正中的雕像,同时,心灵也慢慢进入了深深的思考中。在我面前,它仿佛变得愈加高大,愈加强壮。

——王　硕《美院之行》

第一站　西门

尊敬的游客:

你们好!

首先,我们向你们致以新春佳节的问候,并且感谢你们的倾听。清华园历史悠久,环境优美,且久负盛名,透出丝丝缕缕的文化气息。

作为清华附小六年级的学生,我们热爱着自己生活的地方,渴望引导更多的人士来探索,来追求。我们的讲解可能会很稚嫩及生疏,但是我们会尽力将清华园最美丽幽雅的一面展现给你们。

清华大学主体所在地——清华园,地处北京西北郊名胜风景园林区,明朝时为一私家花园,清朝康熙年间成为圆明园的一部分,当时称熙春园,道光年间分为熙春园和近春园,咸丰年间改名为清华园。

校园内绿草青青,树木成荫,湖光山色,景色优雅。各个不同时期的建筑自然形成各具风格的建筑群落,为师生创造了适宜的工作、学习、生活环境。接下来我们途中会路过荷塘、古月堂、工字厅、大礼堂、二校门等著名景点,你们可以尽情地漫步在冬日的校园里,我们预祝你们旅游愉快!(王悦、刁沐心)

第二站 近春园

近春园原是清咸丰皇帝的旧居,又是朱自清的《荷塘月色》描写的原址。近春园的前身是康熙年间熙春园的中心地带。咸丰十年(1860年),英法联军侵入北京,火烧圆明园,近春园内所有房屋化为灰烬,沦为"荒岛",前后达一百二十余年。1979年,"荒岛"才被修复。(罗丽萱、黄玉)

第三站 水木清华

水木清华是清华园内最引人入胜的一处胜景,地处工字厅后门外。四时变幻的林山,环珑着一泓秀水,山林之间掩映着两座玲珑典雅的古亭,正额"水木清华"四字,庄美挺秀。"水木清华"四字,出自晋人谢混诗:"惠风荡繁圃,白云屯曾阿,景昃鸣禽集,水木湛清华。"正中朱柱上悬有清道光进士,咸、同、光三代礼部侍郎殷兆镛撰书的名联:"槛外山光历春夏秋冬万千变幻都非凡境,窗中云影任东西南北去来澹荡洵是仙居。"(章安媞、陈佑洁)

第四站 二校门

梁实秋在校读书时,曾对早年校门姿貌写过如下一段描述文字:清华的校门是青砖砌的,涂着洁白的釉质,一片缟素的颜色反映着两扇虽设而常开的黑栅栏门。门前站立着一名守卫的警察。门的弯弧上镶嵌着一块大理石,石上镌刻着清那桐写的"清华园"三个大字。紧把着校门,一边是守卫处,一边是稽查处和邮局;守卫处里面有二十几名保安警察,我们从这里经过,时常可以听见警笛的声音吹得呜呜的响,接着便可以看见许多警察鱼贯而出,手里持着短小的黑漆木棒,到晚上就肩着枪,带着灯了。他们的白布裹腿和黑色制服(相互)反映着,显着格外白净。

时间是短暂的,再次感谢你们的聆听,和你们度过这个午后时光非常愉快。接下来，你们可以在此拍照留念，作为纪念，我们将馈赠你们一份小礼物（照片）。我们今天所亲近的，只是清华园的一角，但是希望这次温暖的回忆能让你们牢记。衷心谢谢你们，并且祝愿你们身体健康，工作顺利！（贾明奕）

——["知清华，爱清华"导游活动导游词（摘录）]

童心读清华园

> 小脚丫游清华，我们阅读清华园风景，进行清华园小课题研究，所有这些让我们对清华精神有了更深的感悟。对清华大师的深度阅读，也让孩子们感动着，鼓舞着，自豪着。我们也将会把清华精神传承下去，成为有清华印记的附小少年。

清华园，永远占据着我的心灵。回忆起清华园，就像回忆我的母亲。

——季羡林

生：在文学家梁实秋的回忆中，梁启超的大师风范，呼之欲出。他回忆在清华聆听梁启超的演讲时说：他穿着肥大的长袍，步履稳健，风神潇洒，左右顾盼，光芒四射。他走上讲台，打开他的讲稿，眼光向下面一扫，然后是极为简短的开场白，一共只有两句。头一句是："启超没有什么学问——"眼睛向上翻一下，轻轻点一下头。"可是也有一点喽！"这样谦逊同时又这样自负的话是很难听到的。清华大学建校时，

清华园·二校门

他到清华来演讲,引用了《易经》里的话勉励清华学子。

（一生问:"是哪句话呢?"）

生:天行健,君子以自强不息。地势坤,君子以厚德载物。

（另一生问:"这不是我们的校训吗?"）

生:对,此后,清华大学就以"自强不息,厚德载物"八字作为校训。

客:嗯,看来你对梁先生如此了解。

生:我们对王国维也十分了解。

客:那你来给我们来讲讲吧!

清华园·人物小报

生:好哇!你们知道王国维的人生三种境界吗?我可会背!古之成大事业、大学问者必经过三种之境界:

昨夜西风凋碧树,独上高楼,望尽天涯路,此第一境界也;

瞻仰爱国诗人闻一多雕像

衣带渐宽终不悔,为伊消得人憔悴,此第二境界也;

众里寻他千百度,蓦然回首,那人却在灯火阑珊处,此第三境界也。

生:我还可以用英语翻译:According to Mr. WangGuowei, we all need to go through three stages to find the ultimate truth in our learning. Stage one is at the beginning, we do not know where to start. We feel very puzzled and frustrated. Stage two is after we find the right direction we go forward regardless how much pain we have. Stage three is after many years of hard working, we finally find that all we are looking for is just around there. Everything comes out so naturally. Suddenly our hearts are filled with happiness and joy.

——学生导游

那满园的书香随处飘动,那散落路边的小花,那任你摆弄的鸽子、松鼠,讲述着人与自然的和谐;那脚步悠闲的老年人,常常凝思回望历史;那脚步坚实的中年人,常常步履匆匆,他们在延续着清华的精神;那活泼可爱的孩子们,无忧无虑地玩耍于清华园中,每天被清华的文化滋养、浸润着,脸上满是天真和幸福。在这一动一静之间,清华园的美展示于世人。

是呀!清华园之所以有大美,并不仅仅是由于拥有人文景观及皇家园林,而是这里有大师的精神与风范。我和孩子们在他们低年级的时候游历清华园,那么,到了高年级,他们该用

研究清华园人物地图

怎样的童心来读清华园呢?

尽管我们还是在人间四月天走进了清华园,但这回的小导游们,可是要凭着自己的导游本事赚五元钱呀。讲得不好,当然完成不了任务。我和孩子们开始研究——该如何向游客讲解厚重的清华园,让别人听了很受启发,很有故事的带入感。

我们向书本,向父辈,向身边的每一个人了解清华园。然后,把对清华园的这份了解和热爱,化成一句句爱的口号,写满了小小的导游旗:爱我清华园;我们今天是清华园的小主人,明天是清华园的建设者!我们要把游客带进清华园,聆听历史;记住清华园的由来,不忘国耻,深刻体会清华园"自强不息,厚德载物"的精神。水木清华园,润育着园内花木禽鱼,也润育着一代代清华人高洁的志趣和情操。清华园内具有历史和文化价值的建筑和设施多以百计,我们在这里接受最好的文化传统教育。无论是园中之园的"水木清华",还是印证沧桑历史和中华文化的"近春园";无论是饱含纪念意义的"断碑""闻亭""自清亭",还是富有浓郁学术氛围的"清华学堂",清华园都成为我们的一本珍贵而鲜活的教材。

清华园被誉为"大师之园",我给孩子们买来了清华大师丛书,让孩子们去感受大师的精神、清华的精神。90多年来已有近十万学子从清华园走向全国,走向世界,成为了一批批令民族骄傲的科学家、文学家、艺术家、企业家、政治家及社会活动家等。他们自强不息、厚德载物的品格激励着一代代炎黄子孙。我们依稀看到身为五品朝官而两袖清风的王国维先生,仿佛听到曾任中文系教授的闻一多先生面对侵略者时的激烈言辞和演说,似乎感受到朱自清先生"宁死不食美国救济粮"的气节和其笔下"荷塘月色"的柔美……

走近大师朱自清

期末,我和孩子们围绕着清华人物,以班会的形式进行汇报,孩子们将成果分成三个板块:领略大师风范(讲述过去的清华人,讲述最能展现他们精神境界的故事),走近清华现代人(讲述身在清华的父母的故事,讲述他们今天是怎样秉承着清华精神,创造着清华的未来),展现今天的小主人风采(以"无边的荷塘月色"为主题,诵读诗歌美文,现场作画、作诗,来展示小主人风采)。最后,在校歌的音乐声中,放飞自己的心愿,把心愿卡组成二校门的图案,让清华精神长存心间。

我在班会结束时激情地总结:

"我们,驻足凝望;我们,沉思默想。有了自豪,有了期待,有了使命和责任,明天的辉煌要靠今天的努力。"自强不息、厚德载物"的校训,"爱国奉献、追求卓越"的精神,"行胜于言"的作风,要在我们身上延续。我们将读着自己用笔记下的第一篇走进清华的稚嫩美文,读着清华的昨天、今天,一起走向清华的明天。"

带着你与世界相遇

收获童心

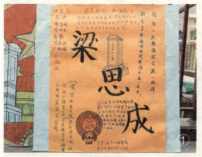

①—③ 梁思成主题板报
④ 走近闻一多

① 追寻人物足迹
② 梁思成主题板报
③ 荷塘月色
④ 梁思成主题板报
⑤ 梁思成·林徽因
⑥ 制作手抄报
⑦ 爱国诗人闻一多
⑧ 走近马约翰
⑨ 走近吴晗

闻一多（1899年11月24日—1946年7月15日）本名闻家骅，字友三，生于湖北省黄冈市浠水县。中国现代伟大的爱国主义者，坚定的民主战士，中国民主同盟早期领导人，中国共产党的挚友，新月派代表诗人和学者。

到少数民族地区进行采风时，闻一多泡足蹴一个脚，挑脚上的脚泡，挑完了，他把剩下来的废品、筷子袋……从泡上挑下皮可谓不登大雅之堂，可为他们洗去却视如至宝呢？后来才知到它们的用处：

"等到它们集到一定数量的时候，就得其寄寄孩子，目的是让他们记住问一多。"学长书。

马约翰 ⑧

吴晗 ⑨

第 3 辑

遇见节日

中国人喜欢过节，中国的传统节日很多，文化内涵深厚。中国人之所以喜欢过节，那是因为节日里藏着太多的美好，寄托着中国人对生活的热切希望。我当然希望孩子们每天在校园里的生活，就像过节一样美好，教育不就是要把最美好的东西带给孩子们吗？当孩子们真正走进中西方的节日时，也是走进自己内心美好的一切的时候。

最爱中国传统节日

> 教育源于生活。教育的触角,可以延伸到极富生活气息的节日。中国传统节日,可以带我们拥抱中国传统文化。我们走进传统节日,阅读文人墨客笔下的节日,感受古人过节的习俗,用今天的方式传承我们的文化。在生活中,教育就这样自然地发生了。

生:"但愿人长久,千里共婵娟"倾诉了心底美好的祝福话语。

师:是的,今天是中秋佳节,皓月当空,清晖布满每一个角落。

生:夜,已非往日沉寂的模样,因一轮饱满的月儿印染上淡淡的欢乐意味。

中秋晚会

师:月色下,我们,正静坐着,欣赏今晚这轮皎洁的明月,建立起两个班深厚的友谊。

齐:天涯共此时——六(2)、六(5)班联谊班会现在开始!

第3辑 遇见节日

我在中秋之夜，让孩子们自主创编联谊班会，我想以"节日"为主题，带着孩子们与节日里的世界相遇。细细想来，一年的365天中，有太多的节日——春节、端午节、国庆节……太多的节日承载了亲情、师生情、友情、民族情和传统文化。让孩子们遇见最美中国传统节日，于他们而言是一种感动，是一种洗礼，是一种幸福。

心系团圆中秋节

中秋节是团圆的节日。我们班级就是一个大家庭，所有师生都是这个大家庭中不可或缺的一员。在这团圆的节日，我们班也吃了顿团圆饭。那一块块香甜的月饼，一条条感人的短信，提供了丰盛的筵席。

河灯照亮心灯

中秋节是承载文化传统的节日。传统的放河灯活动，成为庆中秋的重头戏。我和孩子们按照各自的喜好，制作了各式各样的河灯，在河灯中郑重装入写着自己美好愿望的许愿小纸条，让河灯载着我们美好的祝愿顺水漂向远方。

天上一轮中秋明月，水面无数绚烂河灯，二者交相辉映，给我们的

带着你与世界相遇

中秋节增添了不少韵味。我与学生们相依相偎，面对眼前美景，此时无声胜有声。我们师生的心，也因这团圆的节日，紧紧地连在一起。

品玩诗意元宵节

在传统节日元宵节里，我与孩子们开展做灯笼、写灯谜、诵诗词的"诗意元宵节"活动。

活动开始之前，教室的窗台上已经摆满了孩子们的杰作——制作精美的灯笼。一个个精致的灯笼全是由心灵手巧的孩子们亲手制作的，一看就让人觉得别具匠心，而且有些灯笼的制作材料属于废物利用，环保健康。

元宵节猜灯谜

诗情元宵节

孩子们轮流提着自己的灯笼上场，给全班同学出灯谜。他们手中那一团团艳丽的颜色让人心醉。"猜灯谜"既能启迪人的智慧，又让人感到十分有趣，因此得到了孩子们的欢迎。孩子们在玩中学，在学中玩，头脑变得更加敏捷。有的灯谜难倒了孩子们，待到谜底揭晓后，孩子们恍然大悟的表情可爱极了！"'两点一直，一直两点。'打一个字。能猜出这个灯谜吗？""火树银花合，星桥铁锁开。""灯树千光照，明月逐人来。"……在盈盈的灯光下，猜灯谜、诵古诗、讲习俗一一登场。这个元宵节好不热闹！

扫墓踏青清明节

做有根的人,拥抱历史的厚重。前人栽树,后人乘凉,前辈的功绩永载丰碑,我们万万不可忘却。清明节为我们提供了一个缅怀先辈和传承文化的机会。附小所在的清华大学,名家大师辈出。清华大学的历史,就是中国近代的发展史。清明节,我们进行了扫墓献花活动。孩子们在大学内闻一多、朱自清、冯友兰等大师的雕像前献花致敬、吟诵诗篇,在附小校园内顾蔚云老校长雕像前举行了隆重的祭奠仪式,不仅如此,他们还走出校园,走进现代文学馆向冰心、老舍等文学家致敬。我们还把清华名家大师的名字作为班级的名称,以最真挚的情感向大师们致敬。

清华文化,百年传统,就这样一代代地薪火相传。

感悟情感"七夕"节

在小学教育中,很多教师有点忌讳跟孩子谈感情话题。殊不知,高年段孩子们已经对爱情有了自己的认识。与其遮遮掩掩,不如大大方方地引导孩子们正视人类最美好的情感之一——爱情。

在牛郎织女相会的"七夕"时节,我和孩子们一起进行了关于"牛郎织女"民间传说的研究。在研究中,孩子们理解了中国传统民间故事的写法,将对牛郎织女故事的研究兴趣延伸到中国民间四大爱情故事,比较了其写作方法的异同,还理解了作家叶圣陶的改编手法及良苦用心。更为重要的是,孩子们通过讨论,树立了正确的爱情观。他们赞美牛郎织女两情相悦的简单与坚定,摈弃现代社会物欲横流的肤浅与荒诞。他们认为,真诚、真情,不仅适用于爱情,还适用于亲情、友情。

祭奠清华附小顾蔚云老校长

第 3 辑　遇见节日

尊老敬老重阳节

重阳节有登高、赏菊、饮菊花酒、吃重阳糕、放风筝等习俗。因被特别赋予尊老敬老的意思,重阳节又称"敬老日""敬老节"或"老人节"。在重阳节这个传统节日,我策划并组织学生去敬老院慰问老人的活动。

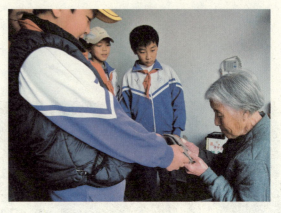

重阳节敬老院献爱心

孩子们分成八人一组的敬老志愿小队,走进敬老院,传承尊老、爱老、敬老的优良传统,为老人们送上了精心准备的节目。有美妙的歌声,动人的舞蹈,让老人开心的相声、小

重阳节看望敬老院老人

品、魔术、课本剧表演,还有令老人心情舒畅的乐器演奏……表演结束后,孩子们又献上了精心制作的敬老卡,细心准备的小礼物。手套、围巾献上一份温暖,象棋、扑克牌献上一份悠闲,手绢、毛巾献上一份体贴,八音盒、风铃献上一份欢乐。一句句感人的话语,一个个真诚的微笑,传递着那份深深的敬老、爱老之情。

敬老院之行让孩子们的内心受到很大触动。有的孩子写道:"尊敬老人,意味着一种感恩,意味着继承,更意味着一个人的人格健全。"还有的孩子认识到:"敬老是我们中华民族的传统美德,我们每个人都要做到的,无论是在家里还是在敬老院里。"

附小以整体立人为导向,倡导的价值观目标为天下情怀和完整人格。天下情怀包括家庭爱、祖国情、民族魂、世界眼。关注中国传统节日,即关注中国传统文化。遇见最美中国传统节日,遇见更丰厚的自己,世界因此更美好。

天上,水中,月儿清秀的身姿让我陶醉。
它,默默地在云中穿行,是可爱的、可亲的。
聆听月亮的声音。
月亮,自古以来便是纯洁与典雅的化身。
不知有多少文人墨客迷恋她的风采,创下了无数首千古绝唱。
不论是鸟儿婉转的歌喉,还是落叶恬静的声音,都在赞赏月亮。
不论是高山远谷,还是大街小巷,都描绘着人们对月亮的喜爱与追求。

——黄 玉《天上明月》

月色下的荒岛宁静而美丽,如入仙境一般。天上是一轮圆月,色泽是明艳的金黄。清冽的月光如水一般,静静地泻在树丛里、亭子上,可谓是"暮云收尽溢清寒,银汉无声转玉盘"。亭榭的顶上闪烁着灯光,与天上的明月、水中轻漾着的点点烛火交相辉映。河上漂着无数的河灯——船形的,莲花形的,鱼形的,圆形的……千姿百态,各具风韵。

此时此景，月、天、水与灯已如一幅完美的、天人同绘的画卷了。在这深蓝的、静静的夜幕下，我静静地思索着它们：给予我们放河灯灵感的中秋明月，与令中秋月亮更加绚丽又耐人回味的多彩河灯。

——王　悦《中秋放河灯》

在敬老院，我们送给老奶奶丰富的礼物，有八音盒、手套和贺卡等。然后，我们还给老人表演了节目。我们声情并茂、情真意切的表演让老人眉开眼笑，脸上的皱纹化成了朵朵盛开的菊花。

回到家里我很兴奋，因为这是我第一次去敬老院敬老，于是我为这天的活动赋词一首：凤凰秋到，山上彤彤叶。敬老院里真热闹，白发矍铄翁媪。表演歌舞相声，童叟眉开眼笑。最喜赠送礼物，贺卡情深意到。

敬老是我们中华民族的传统美德，我们每个人都要做到的，无论是在家里还是在敬老院里。

——谢翔涛《九九重阳金秋敬老》

走出爷爷奶奶的房间，站在敬老院的院子里，第一次有了"赠人玫瑰，手有余香"的感受。我有了一个美好的愿望：长大后要建一座敬老院，让没有儿女照顾的老人过上幸福的生活。

——梁　铄《重阳节在敬老院》

再谈一谈牛郎织女，这让我想到了一句诗：两情若是久长时，又岂在朝朝暮暮？只要心中彼此挂念着对方，这才是比黄金还贵重的。我们现在才是小学生，爱情离我们还有很漫长的一段距离，可是真情是时时刻刻出现在我们生活中的。我们对人也应该真诚，这样才能得到对方的信任，情感的桥梁才会愈加坚固而完美。在这学期的学习中，还有"真诚"这一单元，以及学校奥运活动"今天，你微笑了吗？"，这都是待世真诚的足迹。也许，你今天的一声问候，一个微笑，将给你带来一生的快乐。我感觉，真诚是一次心灵的洗礼。

——刁沐心《用爱编制的美丽童话》

共享世界节日中的美好

> 人类最美好的情感是相通的，美好的情感将我们连接成一个地球村。这种美好的情感，是世界的，也是中国的。在世界节日中共享感恩、责任、关怀等美好情感，世界便因我们而美丽。借助节日文化进行教育，我们能做的还有很多很多。

世界是一个地球村，节日是一扇窗。推开这扇窗，可以领略色彩斑斓的异国风情；推开这扇窗，各国人们的生活就鲜活地跃入眼帘。我们由此可以发现世界各国共同的文化精髓，也会发现各国独具特色的文化。不管这些节

书香义卖活动

日起源于哪里，它们在中国广为传播，这些节日深入人心，具有了第二重生命；这些节日也入乡随俗，拥有了中国灵魂。

五一劳动节，让我们动起来！

"我们也开始工作，也能自己挣钱了！"孩子们兴奋地嚷嚷道。

五一劳动节，我班开展了"我挣五元钱"活动。孩子们是"八仙过海，各显神通"。有的帮父母做家务，有的帮社区搬运东西，有的帮邻居洗

劳动节·义卖活动进行中

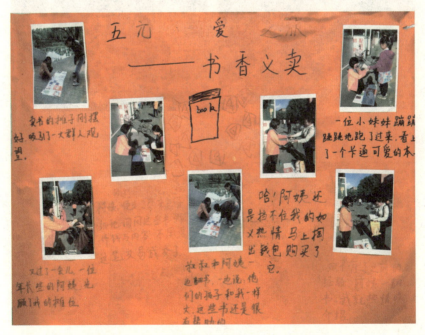

五元钱的故事

车,有的拍卖自己的旧书,有的出售相框、纸花等亲手制作的手工艺品,有的出售自己栽种的小盆景……

这是我班学生的五一劳动节。他们因为流着自己的汗水,没有虚度这个节日。

五一劳动节在传统意义上是成人的节日。在这个节日里我也发动过孩子们对父母、师长进行慰问。不过,后来我渐渐发现,让孩子们自己行动起来,可能更有意义。首先,我们在全班开展"头脑风暴",讨论怎样有意义地度过五一劳动节,集思广益。然后,学生们根据自身情况提出方案,由我给予指导。学生们在成功实施自己的方案之后,又通过班级宣讲、制作海报、撰写作文等形式总结自己的收获。

劳动节·书香义卖

劳动节·义卖展才艺

劳动节·练摊记

换位思考，孩子们渐渐懂得了父母工作的艰辛，对父母多了一份包容和理解，也能把这种吃苦耐劳的精神迁移到学习中去。这个特殊的五一劳动节，不仅让孩子们有了独特的收获，对家长们的触动也很大。有的家长感叹自己从前包办太多，没有放手让孩子去干，而现在通过让孩子自己动手，发现孩子成长得更快。

感恩节，蓝丝带迎风飞扬

劳动节·在班级菜园中耕耘

蓝色的丝带代表了感恩、鼓励、关怀和爱。我们的生活中有些平凡的人，他们默默无闻地付出，他们常常被我们忽略。我们应该在爱心中成长，做到人人为我，我为人人。在爱的蓝丝带的引领下，我们也要去回报爱、传递爱。

爱的蓝丝带在传递

第3辑 遇见节日

感恩节传递蓝丝带活动是有渊源、有传承的系统性活动。在学生处于低年段时，我们曾进行过感恩节玫瑰行活动。学生给老师送上自己制作的纸玫瑰，表达对老师的爱，让爱的氛围弥漫校园，师生皆大欢喜。我看到了感恩节活动的情感意义，便决定把爱的礼物传递下去。为了密切同学之间的关系，在感恩节时，我又策划了以感谢同学为主要内容的爱的传递活动。只是，这一次，传递的是感恩意义更为明确的蓝丝带。

在感恩节，我班学生将爱的蓝丝带传递给最感谢的老师，传递给最感谢的同学。收到蓝丝带的老师和孩子无不激动万分，他们感到一种尊重，感到一份温馨。在充满温情的感恩节，校园内蓝丝带在风中舒展美丽的身姿，同时我们的爱也迎风飞扬。感恩是多么美好的情感，再多都不够！

感受爱，回报爱，传递爱。我们看到自己的价值，我们接受自己、关爱自己。蓝丝带的一抹蓝色，让这个感恩节变得如此美丽！

感恩节·蓝丝带表达我的爱

蓝丝带·友谊的见证

元旦，书香义卖显身手

吃货们请注意！元旦不再是吃喝玩乐，我们的元旦还可以这样高调!我们是社区的中心、街道的中心,我们是万众瞩目的明星!是的,就是这样有格调!

这边泼墨如雨,那边挥豪;这边吹拉弹唱,那边中国功夫。琴棋书画?不在话下!猜到他们在干什么了吗?哦,这是我亲爱的学生们,在进行书香义卖活动。有的挥毫写字作画;有的临街推销,落落大方。孩子们分工合作,配合默契。这不是一次普通的才艺秀,而是一场义卖会。孩子们出售书画作品所筹措的款项,都捐给了希望工程。哪怕户外寒风呼啸,孩子们依然低头专心创作,不顾自己的手指已经被冻得麻木起来,不顾自己的小脸已经被冻得通红。哪怕人来人往,负责推销的孩子也施展着各种才艺来赢得关注,顾不上怯场,没理由退缩。那一刻,我真的觉得他们是坠落人间的天使,他们的脸上都有圣洁的光辉。

元旦·新年大餐

元旦·送上感恩的饺子

一手好字有了用武之地

荷塘书香义卖海报

我们班还举办了一些特殊的纪念日活动，如在世界读书日时，开展图书义卖活动，让好书流动起来，将书中情节制作成艺术品——书签、明信片、照片、艺术石头等，并进行义卖，所得收入捐给贫困山区的孩子们，帮助他们购买图书。六一儿童节时开展相互欣赏活动；世界地球日时开展给地球妈妈写信活动，宣传保护地球，制作绘本"世界节水日"；世界奥林匹克日，将奥运的历史做成展板，放在楼道中进行展示，并且将奥运人物做成宣传画，为低年级孩子们讲解……

我们一起迎来新的一年

爱上世界节日，共享世界节日中的美好。我与孩子们一起与世界节日相遇，我们看到了另一个自己：一个敢于担当的自己，一个懂得感恩的自己，一个勇敢坚强的自己，一个懂得奉献的自己。

收获童心

感恩节送上感恩卡

昔日的我们,是一只刚刚出壳的小鸟。
是你们,将我们轻轻捧在掌心,一点点呵护,一点点滋养。

今日的我们,羽翼丰满,对未来蠢蠢欲动。
是你们,将我们托举向那蓝天,一点点指引,一点点纠正。

未来的我们,展翅高飞。
回头张望,成长的道路上,是我们那稚嫩的身影,
一深一浅的脚印是我们成长的记录。

而在那一切一切的背后,
都有一个又一个身影默默地一点点资助着。
感谢亲人、朋友和老师。

——魏靖芸《感谢》

感恩就是感谢那些曾经给予我们恩赐的人。感谢他们在我们困难潦倒的时候给予我们雪中送炭般的帮助;感谢他们在我们面对挫折时帮助

劳动节海报

劳动节·自己的事情自己做

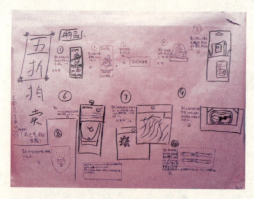

劳动节·我的拍卖好报

我们走出封锁的世界；感谢他们在我们迷茫的时刻与我们一起并肩作战、面对未来，作出完美的抉择。

——罗丽萱

"卖书喽，卖书喽"，我的声音在照澜院的上空回荡，从低声细语，到轻声叫喊，再到主动寻找"客户"，我认为自己已经主动了很多，但没有开始的"跌倒"，就没有后来我的骄傲，这中间的过程可谓是异常艰险，听我来给您说说吧。

我先是在荷塘旁边摆摊，别看围观的人很多，但真正买的只有一对夫妇，买了三个英语单词本，赚了三元钱。我垂头丧气地离开了这个铺位。嗯，去照澜院吧！那里的人买完东西还有些零钱，正好能买我的东西，就那儿吧！

哈！我的眼光真准，刚摆完摊，就有一位身穿紫色上衣的阿姨"不请自来"了，我热心地"解说"，但这儿似乎没有阿姨喜欢的，她走了。刚刚涌上心头的激动一扫而空，留下的尽是失落。

又过了一会儿，一位小朋友蹦蹦跳跳地跑了过来，看中了一个小本子。我对她说了一下这个本子的用途，她便毫不犹豫地买了。我高兴得一蹦三尺高。接下来又来了一位身穿白色夹克的阿姨，她也来捧了场。欧耶！第三笔订单搞定了。

心与心的传递，充满书香的义卖。

劳动节·来之不易的五元钱

——密依瑶《爱心传递——书香义卖》

第4辑

遇见书

除了我的班级,我最喜欢待的地方就是丁香书苑,书苑里有藏书近二十万册。我觉得要想孩子们喜欢读书,老师必须是个真正的读书人。我爱读散文,爱读文史哲一类的书,我觉得我要成为能给孩子们推荐书目的人。我想把我在书中遇到的美好都带给孩子们,我对我的孩子们有信心,他们一定能闻到书香,读懂经典,了解我的心意。谁能否认,阳光点点,在丁香书苑的微风下,捧书阅读不是一件幸福的事呢?

在童年与李白相遇

> 在童年与古诗词相遇,在浪漫中有种淡淡的感动:生活中还有诗意与远方。诗意,在儿童的心灵中淡淡地流淌,滋润儿童的心田,让其举手投足间有种独特的气质。

生:浪漫主义才是真正的诗歌感觉,如"飞流直下三千尺,疑是银河落九天"。

生:我更喜欢杜甫诗歌中现实主义的感觉,"国破山河在,城春草木深。感时花溅泪,恨别鸟惊心"。

生:"银河落九天",多大的口气呀,李白太有想象力了!

生:要谈想象力,杜甫更加动人心魄,你看"感时花溅泪,恨别鸟惊心",我们完全能体会诗人的爱国情怀!

师:是呀,李白与杜甫是我们国家的大诗人,大文豪,这两颗明星,完全照亮了唐诗的天空,使唐诗进入了永恒的文学世界!

这是孩子们四年级的时候,班级举办的月光草堂辩论会的班会场景之一,我想让语文课本里部分关于唐诗的知识鲜活起来,让孩子们用自己的语言来表达对唐诗的理解。于是,我以唐代大诗人李白为引子,串联诗人、唐诗故事、唐代人文历史,让孩子们在童年与李白相遇。

月光草堂辩论会

在辩论会场上，孩子们激烈地辩论着到底是李白的诗写得好，还是杜甫的诗写得好，大家谈论得不亦乐乎。我看在眼里，笑在心中，我觉得童年真好，什么话都敢说，什么问题都能提出来。孩子们在辩论之前作了大量的资料搜查工作，结合课上所学，辩论得有模有样，我与孩子们收获良多。

环看教室四周，满眼都是孩子们用李白的诗句创作的书画作品。有的孩子用纸剪出李白全身像；有的孩子为了介绍李白不为人知的故事设计了海报；有的孩子把李白的诗歌绘

走进唐诗

成了自己生活的场景；有的孩子给李白及与他有关的唐代诗人画了关系图；也有的孩子把李白走过的唐代山水地图给绘制了出来……关于李白的资料可谓应有尽有。

在阅读李白诗歌的日子里，我和孩子们非常享受这种诗意的生活，在我的倡导下，我们班在一个月内要把附小必背古诗词背完，而后，背诵一本《中华古诗词精选》，每天早上摘抄一首古诗词，之后大家开始诵读。低年级学生背诵的古诗词由老师讲解，中高年级学生每人背诵一首古诗词，自己讲解。有时候我们还会请擅长古诗词欣赏的家长、老师来讲解。此外，我们还用吟诵的方式来积累古诗词。受附小主题教学的启发，我采用主题的方式帮助学生积累古诗词，这样就大大增加了孩子们的古诗词量，也更加方便孩子们去背诵。例如：以山水、四季、节日、离别等为主题进行积累；以流派为主题进行积累，像田园诗、边塞诗、豪放词、婉约词等。当然，我们还以人物为主题来积累，如李白、杜甫的诗，毛主席的诗词，苏轼的词等。

诗画集展览会

积累的形式可以说是多种多样。除了诗词歌赋的背诵、吟诵之外，还有与各学科的整合，如将古诗配画、配乐来朗诵——写一写、画一画、唱一唱、舞一舞，我们曾经把李白的《将进酒》以歌唱、舞蹈的方式进行呈现；还有以"四季诗情"为主题：春之声，用歌唱的方式唱出春天的诗；夏之舞，用舞蹈的方式表现夏天的诗；秋之语，用故事讲唐诗；冬之韵，配上古筝，边吟诵边用粉笔进行简笔画创作。

　　同时，我鼓励孩子们每天用十分钟时间观看《中华古诗词》节目，利用附小美丽的花草资源，每人绘制一幅附小的诗意花园，在诗意的花园里写一句最美的诗词。

诗意花语

　　我在月光草堂的辩论会上总结：李白与杜甫本身就是好朋友，李白比杜甫年长，给杜甫写出了这般诗："我来竟何事，高卧沙丘城。城边有古树，日夕连秋声。鲁酒不可醉，齐歌空复情。思君若汶水，浩荡寄南征。"杜甫也会有感，对李白写道："余亦东蒙客，怜君如弟兄。醉眠秋共被，携手日同行。"我们除了要学习李白与杜甫的好的诗歌，更要学习他们诗歌背后所藏着的真情实感！当李白与杜甫相遇，当月光照进草堂，那是一幅多么美的画面呀！

《忆江南》诗意图

《咏柳》诗意图

《江畔独步寻花》诗意图

《绝句》诗意图

《村居》诗意图

《春夜喜雨》诗意图

收获童心

《田园诗》诗意图

《田园诗》诗意图

在经典中浸润

> 　　与经典诗词相遇,更与经典文学作品相遇。就这样我们不但阅读附小各学期的推荐书目,还阅读那些经历史沉淀下来的经典书目。阅读让我们的心灵高贵了起来,让我们的气质更儒雅。

师:书籍,是人类进步的阶梯,是智慧的钥匙。

生:在无数次的阅览中,它开启了我的心扉,将一切美好的情感融入进去。

师:那些荡漾着诗情画意的文字,是一颗颗心儿在歌唱。

生:那些优美的词藻,铸就了一个又一个巧夺天工的艺术品!

师:下面我宣布——

齐:品味书香,牵手童年——一年级·六年级手拉手联谊活动正式开始。

生:书中自有黄金屋,书中自有颜如玉,简单的一本书,蕴含的是深刻的哲理。

生:只有广泛地阅读,细细地品味,书的意趣才会出现。

生:沉浸在书香中,为它芬芳的气息所陶醉,我们在成长。

"今天,你读书了吗?"这是挂在我们班级中的名言。如果能让每个孩子都爱上读书是件多么伟大的事呀。每天我最幸福的事情之一就是听着孩子们悦耳的读书声,开启一天忙碌的工作。有时候,我看着

读书成果汇报板

班级读书报告单封面　　　　　古文经典语言摘录

孩子们席地而坐认真读书的模样，心中就有一个很明确想法——要给孩子们充分的读书时间，专时专用的"悦读时间"。我以主题阅读与学校书单为基础，为一年级至六年级的孩子们挑选经典读本，孩子们也选择他们自己认为的经典，互相推荐值得一看的书籍。阅读经典，当然需要有年龄梯度与接受程度的区别。低年级时老师读孩子们听；中年级学生学习阅读方法；高年级学生进行课题研究，如读《三国演义》后，有的孩子研究兵器，有的孩子研究成语，有的孩子研究故事情节，有的孩子研究兵法等。

手绘《西行图》

　　我按主题阅读的方式生成孩子们的读书样态，例如以书籍封面设计、出版社、作者生平、文学为主题引导孩子们读书，或从书籍在文学史中的位置等角度来解析经典，指导孩子们进行阅读。读冰心先生的系列作品时，我就带着孩子们去参观冰心纪念馆，让孩子们真的对冰心老人的作品有所体会，从冰心的《寄小读者》开始延伸，我们又开展了读以"童年"为主题的中外著作等活动。孩子们在阅读经典的时候不是盲目的，事实上，他们心中有一棵大树，树上有很多枝桠，从中可以延伸很多，他们可以收获。

　　由于有这样的阅读思维，孩子们也会根据自己的兴趣，以及所在的社团的性质，挑选属于自己的经典图书，如植物社团阅读有关植物的书，动物社团阅读有关动物的书等。孩子们的阅读经验不断丰富，不仅如此，他们还制作了很多关于读书的小作品：

　　制作读书报、好书推荐卡、书签、思维导图，给书中人物写信，给作者提修改意见，做书中人物名片，为游记画地图，为原作创作绘本。

走进图书馆

六3班 游昕钰

万圣书园十分地大，分类的书籍也十分细。从中国历史到世界历史，从罗马史到二战，从远古到现代，一本本厚厚的书摆在各自的专柜中。而对历史感兴趣的我，要将历史类的书看满几十个书架，看得我晕头转向。

窸窸窣窣地踩在这里的地板上"嗳哎嗳哎"的声音，感觉十分地有气氛，像是回到现代诗人描写的那时的图书馆。

这里很大，读书环境也很好，很多人都来这里买书，借书，还书，不光因为这里的图书多，还有就是看书方便，只要看书柜上的大标题，就知道自己要寻找的书的方向和

手绘"走进图书馆"

豆瓣书店就在墨盒子旁边。它并不大，但里面十分地安静，人们都静静地坐在某个角落里读书。

这里十分有书香气息十分地浓，放着音乐，人们静静的，最多只能听到踩到木地板的声音。

这里的书并没有万圣书店中的齐全，但都是名字自传和历史之类的一些书。墙上挂着一些记录以前的黑白复古代照片。

清华南门外附近的书店还真不少，除了墨盒子、豆瓣，万圣，周边还有枫书苑和晨光书店。在大学旁边，书店都是成"群"的了。

蒋昕红

手绘"走进书店"

112　带着你与世界相遇

《水浒传》阅读报告　　　　"书海真奇妙"读书报告

手绘"走进书店"

第 4 辑 · 遇见书

万圣书园

介绍

北京万圣书园，是国内学术书籍和海外人文图书和学人办的书店。书店早期原位于西北三环中国人民大学附近，1984年在三环路拆迁，选址于北京大学东门外的成府旧书聚集，由狂狷的夫妇人，情景的组织，一度被誉为海内外学子的精神家园。万圣书园和成府街几条书店同享一条目通衢，创造了一致种佳话。

名标

万圣的标识是以古铜色为面方的基字，表保种识字型"里"复古，使鬼和印象中安的地面真，很象他本据着人们口口相传，"一万个敬"的意思即是修为万圣的能身情。

细节

万圣书园里有一只。灰猫，通体斑驳，且身色浮，肥硕到清一点，臃肿，从衣袖的维生书样之生面状五精巴胖养系，从一本参植物书上几足地球址，原他里各一只猫的最大广自尊，但鬼鼠地听啥坏！

理答咖啡厅

到万圣书园里来的人很多都从此认识，书下店主这房身备是见话的地方，臃房咖啡厅则使你一目鲜的门，很为人具多即中翻一翻，否便本以饱花论饱的了，如果脱精细收获地未圣书，本杯咖啡，岂不快哉？

书店里的书多招毛宏用海书本架放置。→

手绘"走进书店"

收获童心

书签中的美丽

读书小报

读书小报

手绘"徐霞客的黄山之游"

手绘"霞客外传"

手绘"徐霞客的天台山之游"

《林汉达中国历史故事集》封面

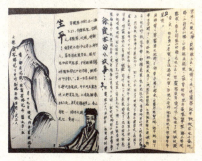
手绘《徐霞客游记》

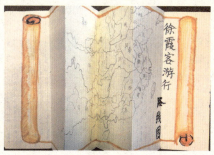
手绘"徐霞客游行路线图"

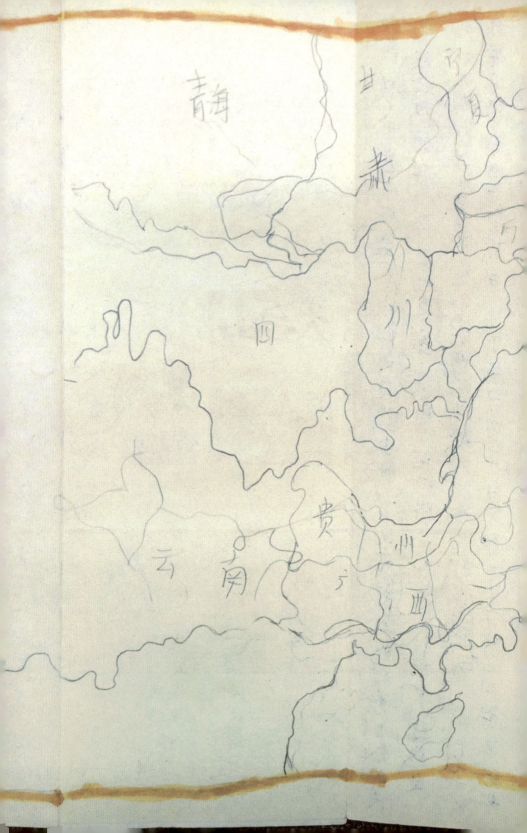

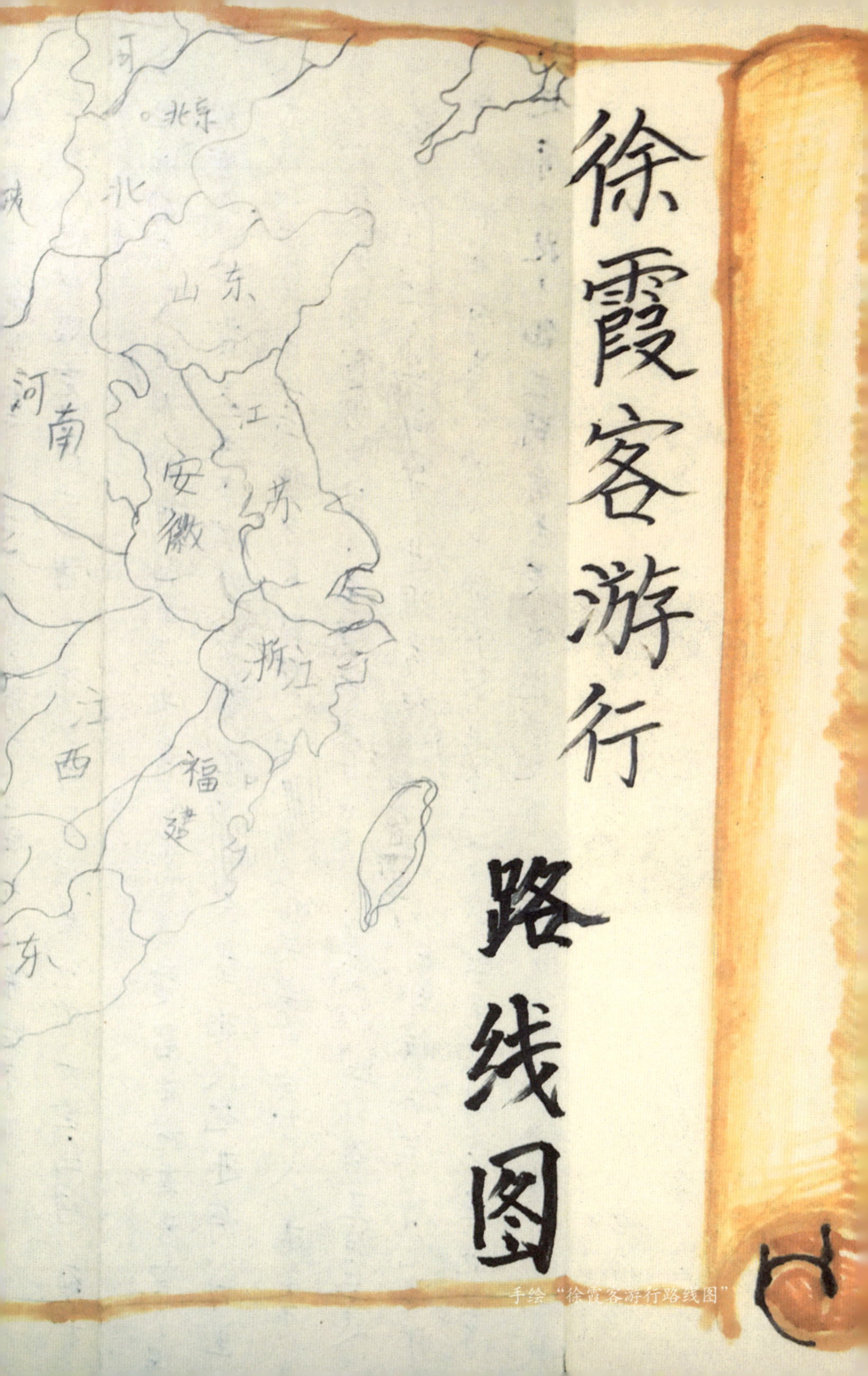

徐霞客游行路线图

手绘"徐霞客游行路线图"

《林汉达中国历史故事集》封面

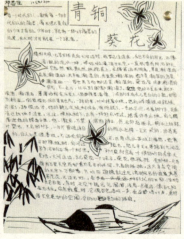
《青铜葵花》报告单

参与学校《丁香娃娃奇遇记》创作的入选画作

我读《青铜葵花》有感

青铜一家,每个人都有的情感——爱,如同一条条绚丽的彩带,温暖人们的心田,缠绕在每个人的心头。

——单 然

青铜，代表着坚毅；葵花，代表着柔和。就像一个代表痛苦，一个代表美丽，我们不应该嫌弃任何一个。

——黄祥实、文稷夫

苦难应该与幸福共同存在在这个世界上，他们就是一对亲兄弟，我们不应该抛弃其中任何一个。

——马志遥

幸福与苦难是两个共同旅行的伴侣。

——马云行

有了辛苦的汗水，才有甜蜜的生活。

——潘艺瑞

他们一家人的情感像一条条彩带，闪着艳丽的光芒，缠在我们心头。

——林　玥

痛苦与欢乐同样珍贵，因为它们同是生活的恩赐。

——王　悦

我爱痛苦相当于爱快乐，因为它们是一对兄弟。

——邹天澍

在人生的旅途中，不仅有苦难，还会有幸福。

——买宇威

苦难是不可怕的，可怕的是不正

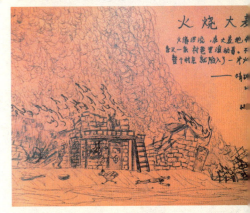

我读《青铜葵花》

确地对待苦难。

——杨　毅

苦难是一块世间难得的宝石，如果用爱去擦拭，那么它将放出最美的光辉。

——忻省池

苦难是一种美，《青铜葵花》让我们理解了苦难的丰富内涵。

——蔡　灿

苦难是美丽的，也正是因为有了苦难，我们的生活才变得丰富。

——郭晓桐

苦难是一种美，《青铜葵花》讲述了苦难中真正的美。

——陈玮璐

幸福和快乐是用苦难换得的。

——陈佑洁

不经历风雨，就见不到彩虹。

——李京典

不经历风雨，怎能见彩虹？只有经历过苦难，人生之花才会更加美丽。

——王　硕

痛苦是美丽的替身，如果没有痛苦的今天，就不会有美丽的明天。

——谢翔涛

如果没有痛苦，就没有幸福。

——王孜勐

痛苦比快乐更加美丽。

——郦兆栋

痛苦使人变得更加坚强。

——杨泽宇

如果人们觉得痛苦太恐怖，世界就倾斜了。

没有痛苦，又怎能有快乐。

——白嘉梁

快乐是美丽的，痛苦同样是美丽的。

——许天一

快乐与痛苦并存。

——梁　烁

痛苦与快乐同样美丽。

——韩宇阳

经历风雨，才有彩虹。

——刘永桦

苦难过后才会有幸福。

——王亦石

葵花田因为苦难而更加娇艳夺目，我们须经历苦难才能成大器。

——张志威

人间有一种最美的花，那就是苦难中的葵花。

——刁沐心

痛苦是一种美，是一种内在的美。

——罗丽萱

拥有苦难的生活才是有意义的。

——张冠乔

这个装满苦难的故事让我深深感悟到：苦难永远因爱而美丽。

——付　娆

——赵心恺

从丑小鸭变成白天鹅

> 戏剧,儿童的第二重生活。戏剧是一种顺应儿童天性的游戏,让儿童获得多种丰富的体验。儿童在戏剧的复杂情境中发掘自己、塑造自己。在戏剧的游戏中,在快乐的嬉戏中,玩着玩着,儿童也拥有了戏剧的灵魂。

班级自编话剧《丑小鸭》表演

　　童话像一朵绚烂的花儿,在阳光下不奢求太多的滋润,却如此鲜活;童话像一纹水波,在池中不祈求太多的浪花,依旧宁静荡漾;童话更像我们丰富的童年,虽不像心中所期盼的完美无缺,但仍保持它永远不变的本色。

　　丑小鸭自从生下来,就是那样可怜,不仅要被同伴们欺负,就连自己的哥哥姐姐都在取笑它。正是"世上只有妈妈好",只有鸭妈妈不嫌弃它的丑陋，保护它，关爱它。这让楚楚可怜的丑小鸭感到一丝暖意。但它仍坚持要自己去闯荡世界。

敬重卑微，敬重丑小鸭一样出身卑微的人；敬重信念，敬重丑小鸭一样生来平凡而又拥有不平凡的信念的人；更敬重谦卑，敬重丑小鸭一样把幸福埋藏在心底，把宽容、仁爱带给别人的谦卑的人。

——学生眼中的丑小鸭

一片雪白，从天空徐徐降落到幽静的湖面，映出斑斑斓斓的影。随后，那修长的脖颈优雅地垂下，轻巧而高贵的身影随着水流纤微的波纹翩翩游荡。这种美丽，出自安徒生的笔下；这种意境，来源于主题教学的课堂中。

这种主题教学的核心就是寻求经典文本中最核心的价值观，从而促进学生核心素养的形成。我通过"谦卑"这个有意义的人文命题，来给孩子们讲解安徒生的童话——《丑小鸭》。

整个教学过程围绕丑小鸭的多舛命运，它本是一颗高贵的种子，却被掩埋在世俗的泥土里，自小不能享受到优越感。可是，这又何尝不是一种幸福呢？

在我的引导下，学生们有了这样的感悟：因为，在它的心底，那块沃土上，已经培育出了坚定不屈服的茵茵绿苗。如果没有这条布满荆棘的路途，那么，缀满华丽光芒的漫漫人生，便会虚无飘浮，也便没有了那纯真而善良的美丽，而它将成为一只徒有

在经典中漫润

灿烂外表，却内心愚昧的"花瓶"。因此，丑小鸭的坎坷，也是一份上天恩赐的礼物——洁净自己的心灵。

为《草房子》绘画

孩子们的回答让我非常惊讶，我内心有一种小激动。我通过补充经典的绘本，让孩子们感受丑小鸭真实的心境。或许，丑小鸭的结局，不能算成功，但着实是一个绚丽的奇迹，一个梦幻的童话，其终身追求的或许就是一种谦卑的人生态度，一段最真挚的情感，还有一种最戏剧化的生活。

说到戏剧化的生活，我和孩子们经常与一年级的小朋友们一起举办"品味书香，牵手童年"的读书活动，孩子们向低年级的弟弟妹妹们介绍自己的读书故事和读书体会，为他们演绘本故事，《丑小鸭》就是其中的经典剧目。这样做有以下好处：一方面，戏剧帮助低年级的小朋友们提高读书的兴趣；另一方面，孩子们在饰演经典角色的同时，又进一步了解经典、感受经典，丰富了自己的认知。戏剧是一个整合课程，孩子们在戏剧中提高了多方面的能力。

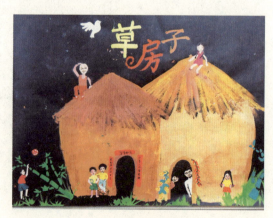
学生绘制的《草房子》

我们沉浸在话剧带来的欢乐之中

话剧《丑小鸭》开演海报

我们班排的话剧《丑小鸭》在校园演出以后,学生反响很热烈,我就开始组织学生陆续把经典搬上舞台。活动基本上从阅读经典、续写剧情、进行表演三个环节去进行。将经典搬上舞台是孩子们喜闻乐见的学习经典的方式,这种方式已经成为了我带领孩子们走入经典,深入解读经典的最常用的教学方式。从国外的《丑小鸭》到国内的《草房子》,从《将相和》到《猜猜我有多爱你》等等,孩子们将自己对经典的感悟幻化为舞台之上的台词、动作、表情,幻化为笔尖灵动的文字,给经典著作注入了新的活力。

戏剧,孩子们的第二重生活,我努力让戏剧常态化,孩子们感兴趣就自己张罗,自己去演,甚至把课本搬上舞台。由于孩子们自己写剧本、做道具、画布景,自己设计剧中人物与服装,使得班里的一只只丑小鸭都变成了白天鹅——谁都有角色演,谁都有事情可做。在丹麦哥本哈根市市长一行来附小之时,孩子们为她们表演了话剧《丑小鸭》,她赞不绝口,这又是多么有趣又有意义的戏剧故事呀。

《半截蜡烛》开演了

表演话剧《犟龟》

学生自编课本剧：《丑小鸭》

第三场 蜕变

天鹅（段安琪）上场。

画外音：又是一个春暖花开的季节，又是一个阳光明媚的早晨。

鸭妈妈(蒋昕钰)上场(寻找着什么)："丑小鸭，你去哪儿了呀！"唱："外面的世界多么大！哪里才是你的家！风雨雷电多无情！你可千万别害怕！野狗豺狼多凶残，你可千万要躲开它！我可怜的丑小鸭！"

众小鸭上台，围在妈妈身边。

小鸭一（陈博涵）："妈妈，别担心了！我们一定会找到丑小鸭的！"

小鸭二（王嘉宜）："妈妈，都怪我们，不应该欺负它！"

小鸭三（陈骏骐）："妈妈，等丑小鸭回来，我们一定会爱它！"

小鸭四（张宇洋）、小鸭五（刘益瑄）拉住鸭妈妈："妈妈！我们再也不叫它（齐声说）丑小鸭！"

鸭妈妈(蒋昕钰)："孩子们！你们终于懂得去关心他人！善待他人！哎，但愿我的丑小鸭能够坚强、勇敢、自信地长大！"

丑小鸭（段安琪）："妈妈！妈妈！"

鸭妈妈（蒋昕钰）："这么熟悉的声音哪！我不是在做梦吧！"

小鸭一（陈博涵）上来拉住鸭妈妈的手："妈妈！有一只美丽的天鹅在叫你！"

小鸭三（陈骏骐）："是的！一只好美丽的天鹅！"

小鸭二（王嘉宜）："羽毛多么洁白！"

小鸭四（张宇洋）："翅膀多么美丽！"

小鸭五（刘益瑄）："脖颈多么修长！"

小鸭三（陈骏骐）："气质多么高贵！"

其余天鹅下场。

丑小鸭（段安琪）过来拉住鸭妈妈的手："妈妈！妈妈！"

鸭妈妈（蒋昕钰）："原来真是梦，它是只美丽的天鹅，不是我的丑小鸭！孩子，你叫错了，我不是你的妈妈！"

丑小鸭（段安琪）："不！妈妈！没有错！您不认识我了？我是丑小鸭！"

众小鸭（疑惑）："丑小鸭？！"

丑小鸭（段安琪）："对！丑小鸭！妈妈！自从离开您后，（唱）我走的路，坎坷又艰难！危险时刻与我相伴！是您和蔼的目光让我坚强！是您鼓励的话语让我勇敢！（说）妈妈！是您的爱给我力量！现在，我终于变成了一只漂亮的鸭子！"

鸭妈妈（蒋昕钰）："我明白了！"

众小鸭（疑惑）："妈妈！您明白什么了？"

鸭妈妈（蒋昕钰）："是妈妈弄错了！孩子！你不是鸭子，你是一只天鹅！"

丑小鸭（段安琪）（吃惊）："天鹅？"

鸭妈妈（蒋昕钰）："妈妈孵出了一只天鹅！"

众小鸭（疑惑）："天鹅！？"

鸭妈妈（蒋昕钰）："孩子，你自信！坚强！勇敢！永不言败！丑小鸭，你是妈妈的骄傲呀！"

丑小鸭（段安琪）："妈妈！是真的吗？！我真是一只天鹅？！"

众小鸭："是真的！"

丑小鸭（段安琪）转向小鸭二（王嘉宜）："姐姐！"

小鸭二（王嘉宜）："对不起！丑小鸭！姐姐不好！"

丑小鸭（段安琪）转向小鸭三（陈骏骐）："哥哥！"

小鸭三（陈骏骐）："对不起！丑小鸭！你能原谅哥哥吗？"

丑小鸭（段安琪）："我不怪你！"

小鸭一(陈博涵)过来拉丑小鸭(段安琪)的手:"丑小鸭!不!不!你再也不是丑小鸭了!"

众小鸭:"你是天鹅!最美丽的天鹅!"

丑小鸭(段安琪):"我还是你们的小妹妹!"

众小鸭:"对!最美的小妹妹!"

鸭妈妈(蒋昕钰):"孩子们,大自然多美呀!它给了我们广阔的生活空间!所有的动物都应该自由、平等、幸福地生活在这里。没有忧伤,没有痛苦,没有歧视!"

众小鸭:"让我们平等、和谐地享受大自然吧!"

全体跳起来。

"温柔善良让爱传递!爱让我们友善,爱让我们团结!爱让万物和谐相伴!你眼中的世界充满神奇,你心中的梦想创造了奇迹!让爱成真,让爱延续!爱让万物和谐相伴!啦啦啦啦啦啦,啦啦啦啦啦啦,让爱成真,让爱延续!爱让万物和谐相伴!和谐相伴!"

第 5 辑

遇见艺术

　　拥有艺术的人生当然是幸福的，作为教育者，无疑要把这种幸福感带给每一个孩子，而且也要告诉孩子们，他们的生命、他们的生活本身就是一个艺术品，他们要学会吸纳，学会经营，学会不放弃。通过各种活动课程，让学生了解艺术的美，艺术的意义，艺术到底能怎样帮助自己！

聆听大师

> 童年，我们与大师相遇，美好也从此开启。聆听大师，享受一次次精神盛宴。最难忘还是在附小听讲座。

回忆有一种大美，
有人在回忆中重温幸福；
有人在回忆中遗憾；
有人在回忆中激动；
有人在回忆中总结；
总之，回忆是人类特有的一种情感。
回忆过去，每个人都有许多难忘的故事。
亲人的关爱，故乡的明月，儿时的趣事，
都珍藏在我们的记忆中。
回忆往事使我们重温欢乐，也使我们认识生活；
可以提醒我们珍惜今天，
还可以鞭策我们更加努力地创造明天。
如果把记忆比作一个盒子，往事就是一颗颗小珍珠；
如果把记忆比作一个葡萄架，往事就是一粒粒甜蜜的葡萄；
如果把记忆比作一块手表，那么往事则是里面的齿轮。
让我们珍惜它吧！

——毕业生留言

每一次的讲座对孩子们来说都是一个了解全新领域的开始，于是孩子们的欣赏和成长有了更多的趣味和可能性。活动从选题到实施，再到孩子们书写感受，这过程真是饱满。可以欣喜地感受到：前行的路上孩子们将会体会到更多的美妙。

——忻省池妈妈感言

与安东尼·布朗在附小相遇

"我想让孩子们觉得并不孤单"，安东尼·布朗（Anthony Browne）这样回答孩子们的问题——为什么您要画绘本。英国著名绘本作家安东尼·布朗来到附小，与师生进行了深入的交流，孩子们有机会在附小与大师相遇。

手绘安东尼·布朗像

送给安东尼·布朗的礼物

班里的孩子们很早就与安东尼·布朗结下了不解之缘。早在一年级的时候，我就带领孩子们读他的经典绘本——《我爸爸》《我妈妈》。孩子们那入迷的表情、回味的神色，至今还令我记忆犹新。三年级的时候，当我再一次给孩子们读这本绘本时，孩子们竟然提出要自己画一画绘本。"好呀，看看我们当中是不是也隐藏着小小的安东尼·布朗呢！"

孩子们挥动手中小小的画笔，略显稚嫩的画风虽然与大师的作品完全不同，但却描绘了孩子们内心的真实世界。前几天，当孩子们听说安东尼·布朗要来附小之后，他们就有了新的创意："老师，我们要给安东尼·布朗送礼物！""对，我们要送给他一架英国的纸飞机模型！""我们想给安东尼·布朗写一幅字。""我们想把安东尼·布朗的头像画在他的作品中。"孩子们的热情和奇思妙想再一次打动了我。一个上午的时间，孩子们要送给安东尼·布朗的礼物就堆满了讲桌。孩子们用自己特有的方式与安东尼·布朗相遇……

与王义夫在附小相遇

"在我小学六年的生活中，经历了许多难忘的事，但最难忘、最值得回忆的是王义夫叔叔给我发奖那件事，今日我还记得当时的心情。当听见郭老师大声念我的名字：'刘永桦！'我喜出望外，立刻跑上了主席台。只见王义夫叔叔拿着我的奖状，快步走到我面前，面带微笑，和蔼可亲地对我说：'不错，再接再厉，祝你取得更好的成绩！'我激动极了，连忙接过奖状说：'谢谢叔叔！'随后我兴奋地和王义夫叔叔握了握手，那可是一双赢得过世界射击冠军奖牌的手啊！我心中充满了幸福的喜悦。回到队列当中，我看到了同学们那羡慕的目光，备感自豪。"一个孩子在他的日记本上这样写道。

前中国女排队长冯坤为我们签名

航海第一人郭川讲述航海经历

世界著名航天员开讲座

学校经常会请各行各业的知名人士，以及在自己的工作中有突出贡献的人来与孩子们见面。我也为了让孩子们能亲近大师，聆听社会精英们的声音而努力搭建平台，给孩子们创造机会。亲近大师，聆听精英们的声音，不是想教孩子们功利，而是想让他们感受大师的风范和精英们成功的状态。

在现代文学馆寻找作家签名　　　和郭沫若先生雕像合影

小颖爷爷——关肇邺院士讲清华建筑

　　孩子们在美好的校园生活中，遇到过太多的成功人士了，从清华大学院士到社会名流,如杨振宁、于丹;从文学家到优秀教师,如郑渊洁、曹文轩等等。同时,我也发掘我身边的关系与资源,请孩子们的师长来给孩子们作讲座,以增进情谊。师长们的世界让孩子们感叹,孩子们从这些人的演讲中读出了一个不一样的世界。

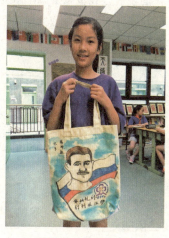

送给航天员的礼物

送给航天员的礼物

作家曹文轩来到附小

和世界知名绘本作家埃米·扬共上一节书法课

与雕塑家许正龙先生在附小相遇

在我眼中,雕塑就是用建筑艺术去"建筑"人物的音容笑貌。为了让孩子们了解中国百年雕塑史,增加孩子们对雕塑的了解,提高他们的艺术鉴赏能力，我邀请许天一的父亲给孩子们作了一场关于中国雕塑百年的讲座。

小沐在《刚柔并济的艺术》一文中如此评价这场讲座："雕塑，两个令人心旷神怡的字，它象征着刚强与威武，是回忆历史与畅想未来盛世不衰的经典。它在前进着。随着时代的发展，我也越来越了解并且热爱上了这门艺术。今天中午，许天一的父亲许叔叔把我们带领到了雕塑更深一层次的境界中去欣赏它的美。雕塑，这时而如春风般柔软，又时而如磐石般坚硬的艺术，是那么的深入人心，深入骨髓。艺术的骨髓是雕塑，而今天，我把雕塑的艺术文化深深吸入了我的骨髓，让这永存的美好物体永远在我的体内留下印痕！"

收获童心

山川姥姥讲《三国演义》

今天可恶的PM2.5又侵袭了北京市，可是，却没有抹去我们心中的快乐，因为黄山川姥姥要来给我们讲《三国演义》。

学生和山川姥姥合影

黄山川姥姥一来，我们就用热烈的掌声接待了她。黄山川姥姥很健朗，黄山川说这都归功于姥姥平时的锻炼！姥姥开始讲了，首先讲的是桃园三结义！讲得是生动有趣，活灵活现，把一个个人物刻画得十分细致。刘备是双耳垂肩，双手过膝，而关公却是另一番模样——丹凤眼，柳叶眉，脸如重枣。听说关公还用龙井泡胡须呢！我最喜欢赤壁之战的草船借箭、火烧联营等等，尤其火烧联营中诸葛亮三日借到一日一夜的东南风，使得这场战役大胜。还有就是我们大家都熟悉的赵云救阿斗，赵云杀出重围，又杀入又杀出，十分艰难啊！

　　还有乐不思蜀，阿斗在魏国有好多好吃的好喝的，就不想念蜀国了！

　　随着铃声响起，我们下课了，在此我谢谢姥姥，她在我心中已经竖立了大英雄的模样。

——段博方《听山川姥姥讲三国》

　　今天，黄山川的作家姥姥，为我们带来了一场关于《三国演义》的"穿越"课。这位年过七旬的老人，仿佛在我们的面前展开了一幅幅古老的、战场上的画面，带着大家穿越回了1700多年以前……

　　《三国演义》讲的是蜀、魏、吴三国纷争的故事。它叙述了从汉灵帝中平元年黄巾起义到西晋太康元年三国统一为止。我以前觉得《三国演义》是给男孩子读的，通过这次讲座，我也不知不觉地迷上了这本书。足智多谋，用兵如神的诸葛亮；恶贯满盈，残忍嗜杀的董卓；弘毅宽厚，百折不挠的刘备；志向远大，但小心眼儿的周瑜……

　　姥姥绘声绘色为我们讲了：三顾茅庐，舌战群儒，群英会，火烧赤壁等等。同学们各个听得专心致志，心潮澎湃，我更是听得目瞪口呆。

　　给我印象最深的人物是诸葛亮，他很忠诚，一辈子跟随着刘备，"鞠躬尽瘁，死而后已"。他是中国传统文化中忠臣与智者的代表人物。他还熟知天文地理，能文能武，足智多谋。他会火烧新野，借东风，草船借箭，三气周瑜，智料华容道……这些都是我们常人意想不到的。

姥姥讲得娓娓动听,她虽然年过七旬,但是一双慧眼炯炯有神,讲座时,神采飞扬。

　　一个小时很快就过去了,我已深深地走进了《三国演义》的时空里。谢谢您,姥姥,一定还要再来!

——魏靖芸《一堂穿越课》

爱上博物馆

> 爱上博物馆，就是爱上历史，品味历史的厚重，做有根的人。爱上博物馆，就是爱上艺术，学会欣赏艺术之美，做有审美情趣的人。博物馆就在我们身边，让我们一起走进去。

蜡笔、铅笔、钢笔、彩铅
……
交织着颜色，交织着梦想
一笔一画
大胆用笔
东倒西歪
夸张变化
只听到韩美林老师说了一句
"喜欢这里吗？"
我们就成了他的粉丝
"韩老师，我画得怎样？"
"我画得怎样？"
"呵呵，都是100分呀！"
我要为你们颁发艺术馆特色奖状

"眼前一亮奖""最美线条奖""最优设计奖"和"最佳用色奖"。

——学生留言

韩爷爷展示马的画法

和孩子们在一起的韩美林先生,焕发着十足的光彩,如同孩子一般。他走到台前,对孩子们说:"艺术,就是自由的呼吸。今天看到你们的画,我很感动,因为我发现很多造型、很多颜色都是同学们自己创造的,都非常漂亮。我相信,你们中间有很多小朋友将来都可能会成为大画家,我真心地祝福你们,也希望老师和家长好好培养你们。同时有一点,你们要知道,你们现在十几岁,有这么好的生活条件和受教育的机会,真是非常幸福。长大以后,一定不能忘记祖国、老师和爸爸妈妈的培养之恩。"

这是在四月天里,我把他们领到了北京韩美林艺术馆,接受如同艺术明月般的韩美林先生的指导,在韩美林先生的带领下观摩学

有韩美林签名的学生作品

在中国现代文学馆门前合影留念

习，并进行集体绘画创作。

孩子们背着画夹，带着相机，在韩美林艺术馆放飞天马行空的艺术思维。他们仰着头，睁大眼睛，边走边记，饶有兴趣地感受韩美林艺术：雨花石般颜色瑰丽的钧瓷，似书似画、美之大美的巨幅天书，温情的"母与子"系列雕塑，小动物题材的绘画作品等。

在韩美林艺术馆创作的作品

因为博物馆是对人文历史和艺术知识的系统梳理，所以博物馆用了一种最直观的呈现方式来展览。我们接触的很多民间故事、传说、书籍等等，从某种程度上而言，都是碎片化的知识。而博物馆通常是按历史纵线对相关东西进行整理的，从不同的文化、史迹、文物以及艺术作品角度来展示时代的典型性与特色。各种具体实物，当然比书本上的文字给人留下的印象更深刻。

参观清华生物标本馆

走进现代文学馆

带着你与世界相遇

我告诉孩子们，博物馆不是一个只会光顾一次的地方，而是一个终身学习的场所。我会经常关注书刊报纸，了解北京各大博物馆的展讯。我们还去有的博物馆听现场讲座，如听鲁迅博物馆馆长讲鲁迅，听现代文学馆馆长舒乙讲老舍。

每当假期来临，我都会鼓励孩子们出去走走，特别是去博物馆。博物馆是历史无声的记录者，孩子们应该去了解祖国的博物馆。2015年的世界博物馆日（5月18日）来临之际，我就带着孩子们在校门口开展世界博物馆日活动，孩子们自己手绘展板，亲自设计书签和宣传单，在校门口为老师和学生宣讲。

同时，我也很高兴，孩子们会自发地去詹天佑纪念馆，去看人字形铁路，去洛阳旅行也不忘去参观著名的博物馆，从中获得了好多的知识。岩石社团成员们利用周末参观地质博物馆，社团团长还培训他的队员并对队员进行星级管理激励，不同的星级有不同的奖励。班上的动物保护社团组织了20多个成员，一起参观北京市古生物博物馆。有的孩子特别善于学习，参观时带着本书，将动物标本与书本上的讲解作对比，返校后讲给同学们听，孩子自己也从中获得了成就感。

教师自己首先应该是爱去博物馆的人。并且，在信息化时代，教师还要做个有

你了解博物馆日吗？

心人，可以通过各大博物馆、艺术馆的官网和微信公众号等提前了解展出信息。尤其在世界博物馆日，各大博物馆都会有开放活动。在学生养成习惯之后，学生和家长会主动搜集并分享信息。

低年段可以参观自然博物馆、古生物博物馆、动物园、海洋馆等，中年段可以参观科技馆、天文馆、地质博物馆等，高年段可参观国家历史博物馆、革命历史遗迹、现代文学馆、名人故居、美术馆、电影博物馆等。

每次参观之前，学生自主查阅相关资料或跟博物馆预约讲解员，有备而去。参观归来之后，写参观访问记，制作海报，举办展览等。

博物馆真的是活生生的大课堂，里面应有尽有，每年世界博物馆日都有很多新颖的主题。我就带着孩子们，结合附小的主题教学，让孩子们与博物馆相遇，爱上博物馆！

收获童心

顺着小路走下去，我来到了海晏堂。海晏堂在被焚毁之前是西洋楼最大的宫殿，宫殿前方是一个巨大的水池。水池左右原本呈八字形排有十二只兽面人身铜像，铜像每昼夜依次掇流喷水各一时辰（2小时），正午时刻，十二生肖一齐喷水，可是这十二只兽面人身铜像已经不复存在了，取而代之的是厚厚的尘土。池子中央是一个巨大的石头扇贝，石头扇贝下面是用石头雕成的水花，这些水花层次清晰，

爱上博物馆海报

后浪推着前浪，好像正在奋发向上。看着这些从前的辉煌遗迹，我不禁想到以前的皇帝们是如何的骄奢淫逸，就是这样，国家落后了，英法联军于1860年入侵了，并焚毁了这"万园之园"。

——李京典《走进圆明园》

来到一个大房间，一块块板子整齐地立在那里，一块上面写着"本科生课程作业展示"，这里好像都是学生们的作业。同学们都蜂拥而至，挤在各自感兴趣的板子面前记录了起来。最前面有洁白无瑕的青瓷器文具，一转身，身后一个豌豆形状的作品映入眼帘，上面有一些竹叶形状的洞，看着就像一个曾经孕育过小生命的茧，一看标题，这深棕色的作品名字叫《蝉》。旁边也有一些瓶瓶罐罐，一个叫《飘动》的大坛子，光滑的瓷面上有柳条一样的曲线，"柳条"上有着像柳絮一样的小绒球，这仿佛被微风轻轻吹起的柳条在眼前自由摆动，真的是在飘。那些浅浅的颜色好像是用笔涂上去的，却不失优雅，在这些作品里作者想要表达的意思我并不清楚，但完全可以体会到那些不同的美。

细致的用毛线粘在一起的水波一样的纹路，幽静却又细腻；用雕像塑造出朴素的感情文化，简单却又复杂；画中用笔尖描绘出的辛酸，眼里透出淡淡的酸甜，更多袭来的却是浓浓的苦辣……每幅作品都带着作者深深的感叹，带着它特殊的意义展示在人们眼前。

有趣而意义非凡的作品，朴素、高雅、细致、复杂……在这些被赋予"美丽王冠"的作品中，永远保留着它们的主人留下的心！

——马云行《陶醉在美丽中》

馆内堆砌着詹天佑先生用毕生心力铸成的杰作的简缩图，一件件，果真是巧夺天工的艺术品！绘图稿密密麻麻，不知是度过了多少个夜晚，拖着疲倦的身躯，额头上满是细小的汗珠，精心演算，才能如此精致。

两层的楼馆，锁不住詹天佑先生一片爱国的赤诚之心。

我们这些后人用一种敬仰的目光望着，心中止不住地流露出羡慕与骄傲的感觉。

——梁心遥《长城脚下的詹天佑纪念馆》

与世界相遇

> 聆听大师，我们与他们心灵对话，精神交流。爱上博物馆，我们和历史、文化碰撞。小脚丫更要走出清华园，与世界相遇。可以从课本游开始，可以从家乡游开始，更可以从自己的兴趣出发。有时间走出去，没时间我们可以跟着视频去畅游。我就曾经在班级带学生连续收看《话说长江》《再说长江》《圆明园》《颐和园》《敦煌》等纪录片。

六（3）班暑假生活小记展板

每个个体，每个班级，每个校园，每个家庭，都是一个世界。除此以外，还有更为广阔的世界。在与世界相遇的过程中，我们开阔眼界、增长知识，更在这个过程中认识自我、认识伙伴。"读万卷书，行万里路。"书本知识与实践活动互为表里，学校教育与家庭教育互为补充。在这种理念的指引下，我和家长达成共识，在假期让家长带着孩子们走出家门，进行课本游、家乡游、世界游。

纳西族小村见闻

首先我与家长沟通，达成关于旅行的共识。家庭教育与学校教育要形成合力，方向一致则能量更大。在我与家长的多次沟通中，我反复强调"行万里路"的重要性，鼓励家长多带着孩子去看看外面的世界。很多家长工作繁忙，但他们逐渐意识到出游的重要性，并开始合理地安排时间。

其次，在假期到来之前，我们指导学生和家长充分做好准备工作。特别是在暑假和寒假等长假之前，老师、学生和家长会制订计划、通力合作。我们会列出当期学校课程资源涉及的名胜古迹、旅游景点等，有针对性地给学生和家长推荐，从而使课外资源与学校课程资源相结合，并让课外资源对学校课程资源形成有效补充。例如，孩子们在语文课程中接触到武夷山、黄果树瀑布和兵马俑等，在长假就与家长到这些书中描写的地方去旅行，在旅行中大大丰富了对事物的认识。在此过程中，指导学生制订计划，列出重点观察事项，学习观察的方法，以便"全副武装"起来。让孩子们带着问题、带着工具出发。例如，参观博物馆欣赏文物时，要注意文物的艺术特色、社会价值与所属时代的对应关系，要注意不同国家、地域的文物所展现的不同民族、文化特色。孩子们还要运用收集资料的能力，主动查阅景点资料，做好攻略。学习搜集资料和观察的方法，也是对课堂学习的一种总结。

园林博览会海报

再次，在假期中，我随时与孩子们和家长保持联络，关注他们出行中的各种问题，思考和提炼其中的亮点，构思总结，为出行结束之后的总结做准备。

最后，在假期结束之后，我会策划一系列假期出行汇报展示活动。在出行之后让学生及时进行总结，出行所得的收获会明晰起来，从而会真正将出行内化为孩子们自己的东西。汇报展示不仅起着梳理收获和明确意义的作用,还有着正向激励和强化的作用。孩子们通过沟通和分享,从同伴那里了解到自己不知道的东西,既增长了见识,也为下次出游设定了目标。而孩子们从同伴那里获得的肯定,对他们的探索也是极大的鼓励。凡是出行的孩子,都会制作展板并进行宣讲。如孩子们中有的举办假期考察摄影展,有的编写假期游记,有的举办收集到的各地特色工艺品展览。有个孩子去西部旅行之后,给每篇游记配上自己的摄影作品,整理成一部《西游记》。

日本之旅

西安文化之旅

沙漠之旅

现在,很多孩子假期出行首选博物馆,到了某个国家或者某个地方首先参观当地的博物馆。这与平时我们开展的参观博物馆活动息息相关。带领孩子们参观博物馆的一次次活动，让孩子们已经在耳濡目染中形成了这种文化品位。有些家长跟我说，正是因为孩子们平时常去博物馆，他们在出去旅行的时候几乎下意识地去了博物馆。还有的家长说，以前怕麻烦，不太愿意出去，但是看着孩子越来越喜欢旅行，自己也就爱上了旅行，是孩子带着自己看世界。

假期归来后，孩子们总会叽叽喳喳兴奋地分享旅行见闻，有的说了解了历史和不同文化，有的说认识了不同的人，有的说增长了见识、收获了快乐。旅行丰富了孩子们的人生，让孩子们的生活多姿多彩。孩子们带着我们看世界，用他们的快乐感染着我和家长们。

巴黎之旅

德国与丹麦童话之旅

师生对话

我和战文翰的对话

我：你都去过哪些地方？

文翰：大半个中国都走遍了，我们家每到一个地方先去博物馆。

我：印象最深的地方是哪儿？

文翰：有历史有文化的地方。如湖南是毛主席的家乡，出过有名的军事家和文化名人。还有福建，有很多华侨办的学校、建的博物馆。四川，因为以前比较繁华，商贸发达，文化历史遗迹多，如杜甫草堂、都江堰等。也有自然风光优美的地方，如云南、重庆，可以拍很多照片。风景最好的地方是湖南衡阳衡山，从山顶往下看，群峰像波浪一样，起起伏伏，山峦层叠，由深到浅，就像一幅风景画。

我：深度游是什么意思？

文翰：爸爸提前搜集资料，这些资料包罗万象，包括经典景点介绍，推荐旅游线路，当地的饮食文化、风土人情。

旅游和度假是两个意思。旅游要逛景点，通常都会很辛苦，因为日程安排比较满。著名景点都要看，如博物馆、纪念馆、寺庙啊。我们还会在深巷里发现各种美食。很辛苦，但是也很开心。

我：旅行带给你什么感受？

文翰：我有时候比较懒惰、不爱动，旅行使我变得爱动了。以前觉得旅游就是图个高兴，其实旅行应该是增长见识。我爸说带我去看世界。现在不是有句流行的话：世界这么大，我想去看看。于是我就是这样和我爸妈看遍了大半个中国。我还预备今年夏天走出国门，走向世界。

战文翰讲述老北京之旅

我和白晓舟、魏靖芸的对话

我：出去玩儿有什么感受？

魏靖芸：每个暑假出国，寒假在国内。出国时，我爸妈带我去乡间参观教堂、博物馆。他们认为大城市等我自己长大了再去更好。

晓舟：假期没有确切的计划。比较排斥跟团玩儿。我们家是心血来潮，哪儿好玩儿就去哪儿，自由点儿好。给我印象比较深的是在美国生活的那段时间，周末没有作业，比较自由，我和爸爸就有充足的时间计划出游。有一次我们参加野营，虽然是学校组织的，但是很自由。我和爸爸在搭帐篷的时候遇到了麻烦，基本不认识周围的人，但是他们都很热情地帮我们搭帐篷。晚上有小 party，烤棉花糖，还有节目表演。晚上睡觉的时候周围特别黑，第一次很清楚地看到了北斗七星。那边的夜幕就像是在电影里看到的云图一样，特别美。

小巷

雨巷

我：旅行最大的感受或者收获是什么？

晓舟：开心，长了见识，生活更加丰富多彩一些。

静芸：感受和自己国家不同的文化，了解历史，增加了生活的乐趣。

我和家长的对话

我：文翰几岁时您开始带他旅行？您带他旅行的初衷是什么？

文翰爸爸：大约从文翰两岁起，我们家开始自驾京郊游，吃住在农家乐，游遍了北京郊区几乎所有的景点。文翰三岁时第一次坐飞机到外地城市——青岛，从此开始了远游。我原来的生活内容很单调，生性懒惰、怕麻烦，有了文翰以后，才开始有兴趣外出旅游。因此，如果说到初衷，是有了文翰，使我对生活、幸福、快乐的理解大为拓宽了。

我：您一家旅行是深度游，您如何理解"深度游"？

文翰爸爸：我们一直采用自助游的方式，可以自己安排行程和食宿。我们一般每次出游只以一个城市为中心，一周左右。在出行前，我会提前两周以上安排日程，确定景点，整理地图和当地历史、人文、风土方面的资料，这种资料的整理是以文翰的兴趣和理解能力为主的；同时，会提前订购一些与当地历史文化有关的图书。我们所谓的"深度游"主要有几个特点：一是时间比较长，节奏舒缓；二是必游当地保留了历史风貌和地域文化特色的古街巷；三是每餐都是精心选择的当地美食；四是必去当地的博物馆，尤其是当地独有的博物馆；五是行囊中一定有书，而且回来的时候一定会多带回不少书。

我：您觉得文翰在旅行中有哪些变化（收获）？

文翰爸爸：文翰特别喜欢新奇的东西，他对各地的文化、民俗民风、方言、美食都特别有兴趣。每次出游都让我和文翰妈妈由衷感慨"不虚此行"。文翰性格开朗，善于与人沟通，观察能力强，能帮助我们解决很多旅行中的问题。我相信"读万卷书"和"行万里路"对于一个男孩来说都极为重要。文翰生长于"首善之区"北京，世界那么大，尽可能多地接触种种不同，增长见闻，对于他形成宽容、务实的人生观，培养社会良知和责任感有极大的作用。

我：您还有什么其他的感受或体会？

文翰爸爸：带着文翰旅行，可以说我从儿子身上收获的幸福和教益非常多。我一直认为，父亲和儿子是一同成长的，父子前世是兄弟。旅行是最能看出人的真性情的，也是培养亲密感情最好的时机。开始我还觉得是我在安排他的假期生活，给他快乐；但慢慢我才发现，是儿子在带动我们，是儿子不断带给我们对生活新的感受、新的快乐、新的期盼，给了我们如此丰盈而真实的幸福。文翰妈妈前两天对我说："不是我们带儿子旅游，其实是儿子带着我们旅游啊！"

收获童心

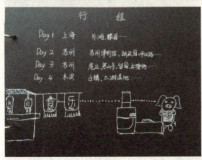

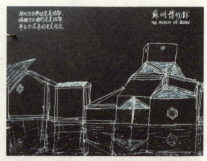

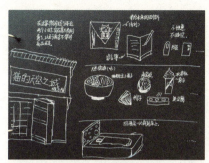

学生手绘旅行图

第 6 辑

遇见师长

　　师长或许是与孩子最具缘分的人了吧,他们是最直接地见证孩子们成长的人,是孩子们最亲密的人。与好的师长相遇是孩子们一辈子的福气。作为基础教育工作者,老师无疑是教育者又是长辈,尽管这个长辈与孩子们没有血缘关系,但在精神层面上,老师与孩子们早有一种割不断的亲密关系。很多人都说,只有孩子们才最尊师重道,孩子们对小学老师的亲切真的不是中学、大学老师可比的,孩子们的单纯与热情,让作为老师的我感到无比的幸福!

最爱你的那个人

> 如果一个孩子连父母的爱都意识不到,又怎能期望他感受到其他人对他的爱呢?对爱的敏感,对爱的回馈,都是孩子们需要学习的功课。在生活中感受与传递,在活动中交流分享。

孩子呀,
是谁给了你生命?
是谁陪伴你成长?
谁是最爱你的那个人?
……
天地间有一种爱最无私,
它博大深沉,却常常让人忽略,
这就是来自父母的爱。

我在开展"鸡蛋宝宝"活动之时,是这么说的:
"父母用爱养育你长大,给你一个温暖的家,帮你撑起一片天。当你体会到父母的奉献与陪伴,体会到父母浓浓的爱时,你的心头是怎样的感觉?"

爱从来就不是索取,而是奉献。如果只会索取爱,而不能给予爱,一个人是谈不上完整地理解了爱的意义的,更谈不上真正具备了爱的能力。特别是对独生子女而言,在"1+2+4"的祖孙三代家庭结构中,他们往往获得了过多的爱,而很少有机会给予爱。因此,真正懂得爱和具备爱的能力,对当下的独生子女而言非常重要。

爱是关注,爱是表达,爱是行动……爱有各种形式,但都有一致的内涵。爱是关注,是体察,是同理心,是换位思考。也许,当孩子们开始扮演父母的角色时,他才能在某种程度上体会到父母的苦心。"养儿方知父母恩"便是这个意思。我要为孩子们提供一个换位思考的良机。

"我能为家人做什么"主题班会板报

献给妈妈的一首诗

为妈妈颁奖

致妈妈的一封信

开展"鸡蛋宝宝"活动的那天,大家就惊奇地发现:平时上蹿下跳、奔跑嬉戏的孩子们突然变得小心翼翼、步履沉稳,生怕行差踏错一步，颇有一点"少年老成"的味道。此情此景，有点滑稽的意味，令人忍俊不禁。孩子们被施了什么"魔法"？牵绊住孩子们脚步的是什么？

原来让孩子们沉稳下来的竟然只是一枚小小的鸡蛋！每个孩子都在衣服兜里装着一枚鸡蛋，从早到晚，无论干什么，都要随身携带，这真是"含在嘴里怕化了，捧在手心怕碎了"。课间活动，上洗手间，去音乐教室上课，都是一种考验。一天下来，孩子们终于体会到"照顾者"是多么的不容易！哪怕只是保障一个鸡蛋宝宝的安全，也并非毫无风险。那么，父母要照顾孩子生活的方方面面，还不仅仅是保障安全，其难度可想而知了。这种切身的感受，让孩子对父母多了一份理解。

为妈妈颁发"最佳厨艺奖"

爱是行动，是支持，是奉献，是给予。猜猜我有多爱你？我用行动来揭秘！孩子们发布了牛气冲天的宣言："别再提什么贺卡，别再提什么纸花！还有什

学生为家长颁发的奖状

学生为家长绘制的卡片

学生为家长绘制的卡片

么更有创意、更独特的礼物吗？有什么私人订制、量身打造的礼物吗？看我一展身手！"让每个节日的祝福不再成为流于形式的问候或送礼，让真情的感恩独具特色，难以忘怀，这需要孩子去猜猜父母到底最需要什么。

有个孩子的创意很不一般，他给母亲的三八妇女节礼物是"还母亲一个宁静的夜晚"，即在三八妇女节前这一周，他以优异的表现让母亲省心。经常与母亲吵架的他突然领悟到，给母亲最好的礼物就是让母亲安宁。他力争各方面做到最好，还收敛了自己的脾气，让自己与母亲的关系和谐了不少，让母亲体会到孩子成长的快乐。还有一个孩子，他给父亲的礼物是帮助父亲健身。他的父亲工作繁忙，且不爱锻炼。为了帮助父亲健身，他帮父亲制订了健身计划并督促父亲完成计划。他机灵地以自己考100分为"交换条件"，激励父亲放下手头工作、走出房间进行锻炼。他陪爸爸散步，陪爸爸打球。在他的陪伴下，爸爸成功地告别了高血压。我班的孩子们想出来的创意还有很多很多……

儒家主张"齐家治国平天下"。一个人要先履行对家庭的责任，继而履行对社会的责任，有谁能说孩子们不是家庭的一份子，不应该履行家庭的责任呢？在与长辈的相遇中，孩子们懂得了感恩，懂得了爱的真正涵义。以长辈为榜样，孩子们也将遇到未来美好的自己。

说起我爸，那可真是个工作虫，在他看来，似乎不工作就不能活。日久天长，他得了高血压。我和妈妈都着急不已，可爸爸还是满不在乎。医生说，除了每天吃药以外，还要多锻炼。于是，我制订了一套"战略计划"，打算劝一劝爸爸。

致母亲的颁奖词

给妈妈的邀请函

一天晚上，我启动了我的第一套计划——让爸爸和我一起打乒乓球。无论我怎么恳求，爸爸都不同意。第一次"战役"就这样失败了。

第二天晚上,我启动了第二套计划——催爸爸出去散步。我灵机一动,神秘地说:"咱们谈个条件,只要你这一周能出去5次,我就考100分!"可爸爸说:"好啊,如果你想考100分,那现在就学习去,我在工作呢!"这一次"战役"又失败了,唉!

第三天,仍然是同样的时间,我再次去请求爸爸。还没等爸爸回答,我就使出了我的杀手锏——狂奔过去,抱住爸爸开始撒娇,那渴望的目光谁看见了都会动心。爸爸先是一愣,随后露出了无奈的笑容,说:"好吧,我就出去,不过,别忘了咱们的条件噢!"我们父子俩不约而同地发出了笑声。

从此,爸爸每天坚持出去散步。现在,爸爸的高血压已经明显降低了。有一天,我趁爸爸高兴的时候对他说:"要不是我,你现在还不会是这个样子呢!"我们父子俩又对视了一下,再次发出了爽朗的笑声。

——王孜勋《三催老爸》

爱的身影

> 让孩子们学会感恩,并不意味着付出者居功自傲。施予者的谦逊,接受者的感恩,让原本美丽的事情散发出更动人的光彩,激励我们由接受者变为施予者。

老师,是您牵着我的手,带我走进校园。
老师,是您轻轻推着我,让我认识同学。
老师,是您拍拍我的肩,告诉我:加油!
老师,是您向我伸出大拇指,鼓励我:真棒!
……
老师,
我不一定优秀,但是是您心中的一颗星;
我不一定做好,但却能得到您的鼓励;
我不一定突出,但却能得到您赞许的目光。
老师,
您,我深记在心,
让我们心中有您,展翅飞翔。

——毕业生留言

亲爱的孩子们:

丁香花花开花落,留不住匆匆岁月!和你们在一起的日子是快乐而幸福的。和你们在一起时，本想拥有一片花瓣就会心满意足，而你们却给了我整个春天。在你们即将毕业的这段日子里，你们的淘气和不努力竟被我忘得一干二净，留下的全是你们让我感动的一举一动、你们成长中的美丽。未来的日子也会因曾与你们相遇而变得灿烂、丰富。祝福你们。我们永远在一起。

——永远爱你们的许老师

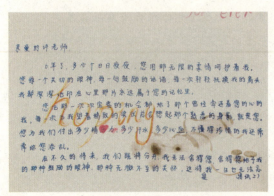
致许老师的一封信

那一年 我一年级

在中年段，我班开展了"我为老师做一件事"活动。活动形式不限，学生可以自主创意。于是"我给老师照张相"活动在校园内掀起了小高潮，孩子们用相机捕捉到老师的某个值得纪念的身影，洗好照片并精心装饰后，将照片郑重地送给他们欣赏的老师。一时间，不少老师的办公桌上摆上了自己的照片。当拿到孩子们的礼物时，老师们都是笑盈盈的。"我给老师沏杯茶"活动让老师感到了来自孩子们的关爱。"我给老师演节目"活动逗得老师笑开怀，给他们紧张的工作平添了几分欢乐。"我给老师写封信"和"我给老师写颁奖词"活动则深情表达了孩子们对老师的欣赏、肯定和赞美，让老师和孩子们的心一点点地靠得更近了。

回顾过往，回到生命最初的样子，也是一种美好的历程。小学高年

带着你与世界相遇

级的孩子们,褪去了初入校园的稚气,成长为彬彬有礼的少年。但如果没有幼儿园的生活为基础,他们怎能顺利长成花样少年?为让孩子懂得感念师恩,我在教师节的时候,带着班里的孩子与幼儿园的小朋友们,一起开展了"感恩的心之重返幼儿园"活动,一方面与幼儿园建立了良好的友谊,使得幼儿园老师在教师节这个神圣的日子里,心中能荡涤着温暖与感动;另一方面也培养了孩子们尊敬师长的传统美德。

那一年 我三年级

那一年 我五年级

"我在我的心底,孕育着一个个童年的梦。信心是种子,努力是雨露,老师的关怀则是阳光,点点滴滴,如涟漪一般荡漾在我的心头。同学们昂首阔步踏进久别的幼儿园,预备献给老师一份特别的、承载着美好夙愿的礼物。"当小主持人以深情的诉说拉开活动的序幕时,我的眼睛湿润起来。孩子们站起来声情并茂地朗诵了一首《颂老师》,令人备受触动。更让我欣慰的是,孩子们在这场活动结束后,都写了一篇感谢师恩的文章,文字间满满的都是真诚。

和许老师在一起

临近毕业，我班孩子开展了记录"老师为我做的那些事"和"陪伴我成长的那些人"活动。孩子们用手抄报的形式回忆自己的故事，创作自己的作品，并将作品送给故事的主人公。

有的孩子感谢教体育的吴老师，因为他平时严格要求，才帮助自己成功进入学校球队；有的孩子感谢戏剧节上的张老师，他的指导让自己提高了表演水平；有的孩子幽默地调侃教美术的聂老师，称他为课下的"好玩伴"；有的孩子描绘了李老师帮助他修相机的耐心与热情；有的孩子怀念教数学的李老师利用课余时间帮他补课的情景；有的孩子感谢王老师帮拉肚子的他换下脏衣服；还有的孩子回忆自行车坏在了上学路上，幸亏巧遇实习老师帮助他修车的情景……

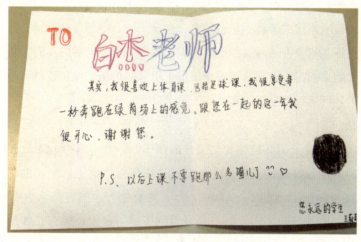

学生送给老师的贺卡

当然，我是主角！可以说作为班主任最幸福的时刻就是阅读我与孩子们之间的故事。孩子们写到了我对他们的鼓励：有在我的鼓励下，写字日益进步、手抄报越做越好的戴青嫒；有在我的鼓励下，从从不举手到上课大胆发言并成为大队委的秦知涯；有在我的鼓励下，发现自身话剧表演天赋，顺利度过转学阶段的不适应期并成为班级话剧团骨干的王嘉宜。孩子们写到了我的陪伴：陪一年级新生等待晚到的家长，照顾受伤或生病的孩子，给孩子们拍摄大量不同场景的照片以作纪念。孩子们写到我的安慰和我的批评：安慰第一次代表班级参加大赛但并未获奖的孩子；批评字写得不好的孩子时，见孩子很尴尬，便不再严厉批评，而是指出孩子"揪着红领巾的懊悔"，表示相信孩子会有进步。孩子们还特别提到了读书，从建设班级图书馆，到组织中午的读书活动、制作读书手抄报和书签，再到开设名著欣赏课，书香弥漫班级、浸润孩子们心灵……故事又何止这些？读到孩子们的作品，往事一幕幕浮现在心头，连成一串串记忆的明珠。

　　说来惭愧，我哪里做了什么大事啊？我只是静静地陪伴，在时光中和孩子们一起前行。他们的优秀，都是时光精心打磨出来的。原来我们认为理所当然或者微不足道的事，在孩子们心中却非常重要，甚至可以感念好几年。有一群这样欣赏我们的孩子，作为老师的我们，还有比这更大的幸福吗？老师常被看作识得千里马的伯乐，可是这群可爱的孩子，不是更懂得慧眼识珠吗？

　　孩子们，每一个都是独一无二的，都是无比可爱的。班上有个患自闭症的孩子（又被称为"星星的孩子"），我不嫌弃，不放弃，不抛弃，给予他特殊的关爱，使他幸福地在班级生活了六年，也让其他所有孩子接受了他的不一样和学会了关爱他人、宽容待人。我要感谢"星星的孩子"坠落凡间，让我看到了另一种生命样态。如果你是"星星的孩子"，我就耐心地陪你看星星，也许有一天你真的会散发出星星的光辉。

　　"儿童站在教育的正中央"，我组织活动的第一个考虑就是我的孩子们会有什么感受和收获。我现在所带班级有 7 名学校民乐团成员，3 名学校健美操队成员，2 名学校合唱团成员，4 名学校 DI 社团成员，8 名美术社团成员。孩子们在全国击剑、滑雪、体育全能、小提琴、钢琴、独唱、书法、摄影、朗诵、作文等多项比赛中都崭露头角。还有更多的

带着你与世界相遇

孩子，他们都在幸福地生活着。而我，因他们的幸福而幸福。孩子们，因为与你们的相遇，我的世界变得如此美好！

感谢成长路上有老师的陪伴

学生给老师的奖状

回忆窦老师的课，犹如忆起一曲雄浑而丰富的交响乐，充满了激情与魅力，如此独具特色的课堂，无不令人心驰神往。课上的窦老师如同一个神奇的魔术师，营造出了一种梦幻般的气氛，让人醉在其中。窦老师的课是美的，但我从未想过它为什么美。直到那天我参加了《西部教育》节目的录制，才明白了这其中的原因。

——王　悦《"西部教育"录制现场与窦校长亲密接触》

我们一直明白，
在相机的背后，

一直有一个充满爱的影子在闪动。

您也一定明白,
在每天的问好中,
一直充满了爱与感恩。

——张　宸《最美三行诗》

我是一颗小小的种子,
深深地埋在泥中。
今夕,我破土而出,
我愿展开一把无形的伞,
遮住灼人的阳光,
迎接胜利的曙光。

——张宇洋《致老师》

许老师:

　　您好!

　　在您的节日里,我要告诉您,您就是我心目中的英雄——低调平实的新时代英雄。

　　课堂上,您精神饱满、侃侃而谈。当同学们遇到难题时,您会耐心讲解,不厌其烦;当同学们顽皮浮躁、任性偏执时,您会春风化雨、水滴石穿。当同学们心情低落,意志消沉时,您会循循善诱、点燃我们心中的火焰。

　　清晨,您顶着星星到学校带我们做早操,让我们身体强健。傍晚,您踏着月色回到家里,备课、批改作业,准备明天的教案。

　　您手中虽然没有超凡的激光武器,但是,您的谆谆教诲指引了我们成长的方向,让我们避开了人生的一个又一个险滩。您虽然不能驾驶宇宙飞船,但是,您引领着我们畅游科学海洋,走向知识的彼岸。您虽然不能在奥运会上夺冠，但是，您教给了我们做人的尊严。小学老师可能既没有很多的钱，也没有很大的权，但是，您的生活并不平淡。您是我们心目中最伟大的新时代英雄，头顶着灿烂的光环。

祝许老师三八妇女节快乐！

学生：李岱巍
2009 年 3 月 8 日

第 7 辑

遇见小伙伴

儿童本能地渴望与人交往，想拥有自己的小伙伴，喜欢和志同道合的伙伴在一起做喜欢的事。在与伙伴的交往中，儿童必须能够确定自我角色，完整地表达自己的需要，而且还要拥有基本的交流技巧。在过程中，双方是平等的，彼此的行为也有着趋同性。一切都源于儿童自身，一切都源于每一个个体。搭建平台，让儿童在美好的年华里，遇到最好的伙伴。

我们的家

> 我们的班级，我们的家。爱上一群人，恋上一个家。有老师和同学的地方，就有家。我带的班级曾被命名为"荷塘墨韵"和"成志班"。在校园中，无论老师还是学生，都对这个名字很熟悉。班级文化有利于班级的发展定位，培养班级成员的认同感。

和许老师在一起

这个雕塑叫《我们的家》，由德国雕塑家汉纳·库库克（Henner Kuckuck）设计而成，充满现代气息，有着未来主义的倾向。《我们的家》似乎像一张白纸折叠出来的，稍不留神就会被损坏，所以我们要用心经营好。雕塑其实有着很好的寓意，象征着附小这一家人，在冰冷、有棱角的现代屋檐下的团结互助，象征着人性的关怀与凝聚尤为重要。当孩子在屋檐下嬉戏时，笑声将穿越这冰冷的屋檐。

——孩子们介绍校园景观雕塑《我们的家》

每次孩子们在解说完雕塑以后，都不忘补充几句：我们六（3）班也是一个家，大家都很团结，互帮互助，大家在班集体里，就像待在家里一样舒服！

2015届"成志班"标志　　　献给我们的班集体

是呀！每次我听到孩子们这么说，都非常的感动！家是我们避风的港湾，是给人温暖和希望的名词。我与很多孩子一起学习、生活过六年，每个家也在大家的共同努力下建立起来，具有了自己的特色、自己的风格。

不管是老师领导，还是家长孩子，走进我所带的班级，总要夸教室温润、舒适，或许这跟我的性格有关——天生就喜欢收拾，喜欢经营属于自己的一亩三分地！

我在最开始带班的时候，就喜欢给班级、孩子们的小组取名字，随后根据名字开展系列活动。如：幽幽的荷塘是美丽的清华园的象征，于是在清华博大精深的文化滋养下，在附小典雅浓郁的书香浸润下，"荷塘墨韵"这个典雅、朴素的名字成为了我带教的一个班的象征。在附小书香校园理念的感召下，建设儒雅班级应该是我们班的目标。让我们的家溢满书香，让每个孩子成为一个有根的读书人、儒雅之人成为了班级建设的目标。

我们的荷塘墨韵社由七个特色小队组成：彩虹、丁香、百合、白桦林、闪客、笑脸、风帆小队。我希望通过这种形式让孩子们在小集体中锻炼，在大集体中成长，让孩子们一同去营造家的温馨，让孩子们的性格通过班级环境的建设趋向一种平静与儒雅。

营造儒雅的班级环境

让教室环境溢满书香，让每一面墙壁会说话，从而营造一种儒雅的班级氛围。我在布置教室环境上，努力体现教育性、主题性、人文性、实用性、活动性。开放教室黑板的一角，每天让孩子们写一条教育名言，时时感染着孩子们；窗台上总是摆放着孩子们摘抄的富有人生哲理的精美语句；教室的墙壁上贴着中国地图和世界地图，让孩子们胸怀祖国、放眼世界，让孩子们可以查找和交流自己的家乡和到过的地方。

"一朝成志，百年立人"板报

开启月光之旅，享受诗意童年

清华大学路线图

清华园课程之环境布置

班级展示台

　　教室的板报更是孩子们展示自我、锻炼自我、自我教育的舞台。一学期下来，每个特色小队汇报自己的特色，提供资料，做成一至二期板报，每个孩子都参与、创造、合作、交往等能力以及集体荣誉感、自豪感、成就感在这一过程中都得到了提升和强化。

　　我喜欢组织学生在班队会上开展读书活动，读书是对人精神的最好滋养，是对学生无声的润泽。在读《青铜葵花》的日子里，我们请来作家曹文轩，请其参与活动并作讲座，同学们自制读书小报，绘制插图，制作书签，写观后感，进行读书交流，我们感受到苦难中的美丽；在读《老人与海》的日子里，我们走进海明威，观看电影，阅读文字，感受到人可以被毁灭，但不能被打败；在读《西游记》的日子里，我们走进古典文学，绘制《西行图》，制作系列书签，懂得了历尽磨难，终成正果；在读《安徒生童话》的日子里，我们走进安徒生坎坷、幸福的一生，感受童话大师的童话人生，懂得了没有与生俱来的美丽，也没有轻而易举的成功……

书画集作品展示

创建书香班级

在读书中孩子们也书写了自己的成长，自创格言、自制书签、自制书，班级日志、荷塘墨韵班刊、书香小队接力日记、个人文集等等无一不留下清新的墨香，真情的足迹，诗意的童年，温润的班级。

寓教育于班会活动中

全部的班会活动，我都指导孩子们自己完成。由小干部组织，从寻找创意、设计制作主题标志牌到撰写演示文稿、串词，从实施到总结，班里的每个孩子都有任务。所有的孩子都能在家里得到锻炼和展示的机会,都是班级的主人翁,都是一家人,而且人人都做过小主持人。

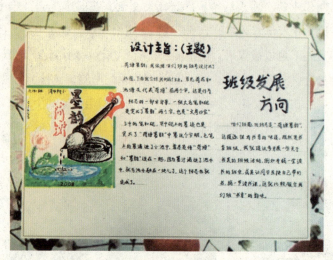

六(3)班班号"荷塘墨韵"班徽设计主旨板报

小雯上学期到美国去读书,为她送行的班会,就非常的感人。当时,放着音乐,播放着一张张昔日她和同学们在校园生活的照片,很多孩子的泪水就在眼眶中打转。孩子们都为她表演了节目,讲述了和她的故事,赠送了礼物并献上一句知心的话。最后,我把两份最珍贵的礼物——一张带有她照片的光盘,一本写满同学们祝福话语的笔记本送给她,让她感受到了家的温暖。这个

"荷塘墨韵"班徽设计样

188 带着你与世界相遇

"荷塘墨韵" "成志班" 特色班级

孩子在班里的学习并不优秀，身体还很弱，但她特别有爱心。家里的每一个人都是不可或缺。在家里有她自己的位置，有她自己的闪光点。我想告诉小雯，这个集体是她永远的家，同时我也想告诉孩子们，珍惜友谊，爱身边的每一个人……

足球队队员的颁奖卡　　　　　　"荷塘墨韵"班徽设计

2015届六（3）班班徽　致老师家长同学的颁奖辞　班级作品展示台

在社团里遇见你

> 和快乐的人在一起做快乐的事，这就是快乐的生活。班级社团，让每个人都在班级中有自己的位置，让每个人都能发现自己的兴趣和展示自己的特长。在社团中，与志同道合的朋友相遇，就是一种成长。

微生物
岩石
魔术
蘑菇
动物保护
古生物
悠悠球
纸飞机
……
我们的微课程
我们的小社团
一切好玩的东西都可以在这里实现
所有的梦想只为飞翔的那一天
为何老师
为何你们

篮球社团比赛

要掐断我们的翅膀
还要让我们飞翔呢？

——孩子们

孩子们创作一首小诗，让我告诫自己，不要掐断孩子们的翅膀！老师作为孩子们的教育者和引路人，永远不要成为阻挡孩子们实现梦想的人。我希望所有的老师都给他们一个鼓励，一种支持，他们成长的路上定会绽放出绚烂的花。

把时间还给孩子们，孩子们就会去思考；把空间还给孩子们，孩子们就会去创造，来自孩子们内心世界的最原生态的东西是最灵动、最弥足珍贵的。我们该做的就是相信童年，守护童年，让孩子们有时间思考，有空间创造，去遇见他们最想遇见的人与事。

看！组装人体模型比赛火热开展；显微镜下他们在全神贯注地观察微生物；生命起源挂图引人遐想……这不是在科研院（所）实验室，而是在附小的水木秀场上，我班孩子小晟在为低年级孩子作关于"生命的奥秘"的讲座。

水木秀场第73期——生命的奥秘

带着你与世界相遇

当你置身于琥珀、水晶、玉石、陨石等各种岩石的展台之间，当你听着那严谨专业的岩石知识讲解，你会以为自己是身在博物馆，这是学生小诚在附小水木秀场上演的又一出大戏！他智慧的语言如同现场展示的宝石一般在闪着光亮，将一座关于岩石的知识大山"搬"进了学弟学妹们的脑海里。

沉稳自信的发言

只要提到孩子我就会有一种骄傲，参加校级水木秀场的这两位孩子，知识渊博、侃侃而谈、举止得体、风度翩翩，其魅力征服了现场所有的观众。细心的观众可能还会发现，每位主讲人的背后还有一个强大的团队。是谁在讲座开始前布置会场、调试音响？是谁在现场组织衔接、安排观众互动？当然，我们还可以想象，是谁在讲座前周密策划每个环节，分工准备道具？

示范组装人体模型

这股凝聚在一起的力量就是班级社团。借由水木秀场管窥一豹，我班的社团的风采，岂止于生命社团和岩石社团。奇遇画吧、话剧团、信息技术社团……各大社团每天都上演着说不尽道不完的故事。故事中有你，有我，有那么多志趣相同、

岩石社团亮相水木秀场

快冈小乐队为主题教学成果推广会助兴

意气风发的小伙伴们。小伙伴们在社团中相遇，因为共同的兴趣爱好走到一起，又因为共同的成果和更大的目标而走得更远。

社团发起人宣讲会之一

社团发起人宣讲会之二

岩石社团招聘海报

小伙伴们并肩走到今天，已携手共创很多奇迹，而小伙伴们最初的相遇，却是一种偶然。这偶然中，又流淌着自然的感动。

各大社团"诞生"于2012年9月，当时这届孩子们刚升入小学三年级。新学期伊始，班内沉默寡言的孩子小芸找到了我。她脸憋得通红，欲言又止，在我的鼓励下，这个文静的姑娘说："许老师，我想在班里成立个动物保护社团，行吗？"

原来，暑假期间，她与妈妈外出时，救助了一只受伤的猫头鹰。因为猫头鹰是国家二级保护动物，她只能依依不舍地把小猫头鹰送到了动物保护协会。但她对动物的热爱让她萌生了创办动物社团的想法。

看着这个眼睛闪烁着光芒的小姑娘，我特别高兴，激动地急忙回答说："太好了，完全支持！"我认为，成立社团的动机源于孩子们的兴趣，兴趣是最好的老师。

我从小芸想创建动物保护社团这一举动中看出：她渴望与人交往，她希望和志同道合的伙伴在一起做喜欢的事。动物保护社团的成立，拉开了我班孩子们争相成立社团的序幕，接着各式各样的社团纷纷涌现了。

奇遇画吧在传授技艺

特别喜欢花草树木的小女孩小关提出自己要在班内成立自然社团；喜欢悠悠球的几个同学组成了一个悠悠球社团，在课余时间比拼技艺，教授大家玩悠悠球的技巧；喜欢观察蘑菇的几位同学组成了一个蘑菇社团，他们利用课下时间在校园里、校园外搜集蘑菇样本，并买了关于蘑菇的书籍，给大家介绍各种奇特的蘑菇品种；几位喜欢表演的同学组成了丁香雨话剧团，他们排演的节目十分精彩，公演的时候让观众都大为惊叹；还有数学社团、英语社团、信息技术社团、摄影社团、纸艺社团、奇遇画吧等纷纷涌现。纸艺社团多次走入各年级讲解各类纸飞机的制作流程，并展示各种新奇有趣的纸飞机模型。音乐社团多次在大型集会中以快闪的方式亮相，伴随着美妙的音乐，孩子们从校园四面八方快速集中，用最美的音符给来宾带来惊喜。奇遇画吧社团多次应低年级要求，传授手绘、手工技巧，还化废为宝，将学校废弃的纸包装箱变为华丽的装饰物，并将其作为未来教室的设计亮点。

然而在社团如火如荼地发起成立的时候，班内两个不合群的同学被抛弃了，显得特别孤独，我看到这种情况，就与两个孩子商量，让他们联合成立一个社团。经过商量，这俩孩子想成立一个错别字社团，我提议叫啄木鸟社团。

每个孩子都在班级社团找到了展示自我风采的位置，都享受着成功，同时也品尝着失败。在这样的体验中，他们丰富着自己的心理感受。例如，悠悠球社团第一次组织全年级大规模的活动时，由于经验不足，办得一团糟。迎头一棒后，我就鼓励孩子们不能被困难吓倒，要认真总结教训，随后提出有针对性的解决方案。在我的鼓励下，本想放弃组织比赛的孩子们又鼓起劲头，顺利解决了困难。

2015年4月16日，丹麦哥本哈根市文化市长等一行人走进我校。这次的互动活动就成了我班社团的大练兵：王嘉宜带领话剧团表演安徒生经典童话《丑小鸭》，演出的道具由手工制作社团来制作；音乐社团的王梓旭、段博方负责主持，陈亦然拉小提琴为讲解配乐；绘画社团的孩子们在我们学校白色布袋的正面绘制了安徒生的图像，背面画了学校的代表性景观，送给来宾。活动非常成功，得到 Pia Allerslev 女士一行的赞扬。孩子们在活动中实现了自我管理、自主教育和自我成长，这实际上才是教育的最高境界。

为丹麦来宾表演话剧《丑小鸭》

如今，他们把自己的社团做得有声有色，我由衷地为他们感到高兴。现在的他们，到了课间不再一味地发呆、打闹，而是会跟同学分享新学到的自然知识；现在的他们，懂得为了一个共同的目标而努力、合作，有了小小的责任感，再也不是懒散自私的小孩儿了；现在的他们，受到班级整体文化的熏陶，比以前更关注环境和自然。班里很多原本由于成绩不是很好而缺乏自信的孩子，在社团的活动中找到了自己的归属感，变得开朗自信起来。很多有特长的孩子也找到了表现自己的舞台，同时在社团的活动中也学会了分享和赞美同伴。这一切的一切，远远地超过了我当时支持孩子们办班级社团的初衷和期望，而这也说明了，只要我们给他们机会和鼓励，他们一定会把事情做得超乎我们想象的好。

　　我们是一群热爱大自然的小学生，我们有着共同的爱好——喜爱大自然，喜爱观察一切与自然有关的事物。我们喜爱看中央电视台的《科学探索》《自然传奇》《人与自然》等节目，我们还从书中了解大自然的奥秘。

　　十一期间，我来到了徽州，奇伟俏丽、秀丽多姿的黄山让我流连忘返；湖上泛舟，欣赏到了一群白鹭掠过湖面，自由自在，让我陶醉；清新的空气，明朗的星空，美好的环境让人心旷神怡。这一切让我更加意识到自然环境和我们每个人息息相关、密不可分。无私的大自然哺育我们，我们每个人也应该珍惜大自然的恩赐，保护好我们的地球家园，保护好我们的生存环境。在许老师的支持和帮助下，我们班的自然小社团将继续行动。

　　"如果你还没有成为保护生命团体的一员，那你就是加速它灭绝的一员。"这是我们社团的口号，我们还为我们的社团设计了标志。

我和同学们定期给大家讲珍奇动植物、神奇的自然现象等知识。这样的活动既丰富了大家的课余生活，也带动同学们加入到我们热爱大自然、保护绿色家园的行动中来。我们更希望从我们自己做起，爱护动物、植物，让它们与我们一起和谐地生活在大自然里。

　　从我做起，从现在做起，热爱自然，保护环境，让我们为一个天蓝、水清、草绿、鸟鸣的美妙大自然而努力吧！欢迎大家加入我们的自然小社团！

——关致颖《自然小社团》

学会欣赏

感动就是这样的简单，不需要轰轰烈烈的丰功伟绩，不需要一颦一笑的日积月累；不一定要热泪盈眶，只需将感动与感恩萦绕在心头。欣赏，如同春日的阳光，带给一切美丽的生灵惊喜。

欣赏别人是一种修养，被别人欣赏是一种感动，让孩子们都学会欣赏，这可以带给他人自信，更能收获友谊。

我是天使，你是"魔鬼"

今天是六一儿童节，一大早我怀着兴奋的心情，骑着自行车快速奔向学校。走进教室，看见许老师早已到学校，等候同学们的到来。

大家到齐后，许老师给了我们一个惊喜，把同学们精心做的欣赏卡发到了每个人手里，作为大家六一儿童节的礼物。当我接到欣赏卡后，看到全班同学给我写的赞美语言，心情无比地激动和感激。原来我在同学们眼里，优点是这么多呀！心里美滋滋的！欣赏卡上大多数同学夸赞我活泼开朗，以诚待人，努力学习，乐观向上。刁沐心写的"你是一个乐观的男孩儿，如向日葵，纵然会经历些风雨，但最后迎接你的将会是一片阳光。"是啊！都说良好的心态是成功的一半，如果做什么事情不用良好的心态去面对，那么你最后只会得到"失败"这两个字。

当我接到欣赏卡时，我感觉到同学们是关心我的，就像兄弟姐妹般。许老师的留言更加让我感动，我当时激动得差点哭出来，我被一股暖流包围住了，让我感到无比的温暖。在许老师的留言中有一句话让我终生难忘："如果，生活送你的这份礼物能种在你的心里，使你更加自信，更加努力，更加快乐，那这个节日该是多么难忘啊！"这句话中"更"字代表了老师对我的关爱。

——张冠乔

学生作品《朋友》　　　　　　　　朋友备忘录

学会欣赏自己，欣赏他人，在孩子们生命成长的过程中是多么的重要呀！我是一个很感性的人，这种感性也会感染到孩子们，我也希望孩子们成为善良的人、心怀感恩的人，将来不管走到哪儿，都能使自己成为那个受欢迎的人。

笑靥如花的孩子们

可是人性总是复杂的，班里总有几个"淘气鬼"，破坏班级公约，总会有孩子向我告状，说他人的是非。我决定用一系列的学会欣赏课程活动来帮助孩子们。

首先是开展"谁是我的天使"活动。活动开始那天，孩子们早早来到校园，我就给每个孩子一个纸条，纸条上有一个同学的名字，我要求孩子们要对这名同学进行一天的关爱与照顾，而且不能告诉这名同学，要把自己对他人的爱"默默地奉献出来"。等到下午放学，我就利用学校的暮省时间，抽查孩子们的游戏结果，特别是班里的"淘气鬼"，我问他：今天谁是你的天使？果然不出所料，"淘气鬼"犯迷糊了，答不出谁是他的天使。我急忙询问：谁是他的天使？为他做了些什么？孩子们答道："淘气鬼"排队不认真，天使帮他纠正；"淘气鬼"题不会，天使主动帮助他；还有天使为"淘气鬼"的水瓶盛满了饮用水。是呀，"淘气鬼"怎么就没有发现！我试着问：有谁认为"淘气鬼"是你的天使的？有个孩子站了起来，"淘气鬼"曾经很直接地把糖给了这个孩子！

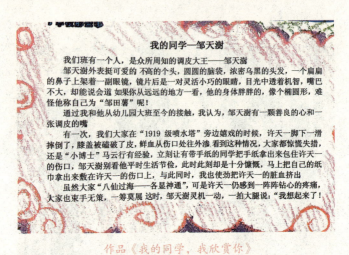

作品《我的同学，我欣赏你》

从这个"谁是我的天使"活动中，我就能看出"淘气鬼"对人好的理念及方式，不能说"淘气鬼"有错，但总归而言，他的注意力与兴趣没有在学习上，没有在与人的交流上。这个活动会持续一个月，每天我都开展"谁是我的天使"活动，每天都让孩子们来玩猜谜游戏，孩子们玩得不亦乐乎。游戏结束后，我让孩子们自己谈体会，谈收获，特别是调皮的孩子们，他们也开始默默地为他人服务，努力改变着。

让孩子们互相写颁奖词，特别是针对"淘气鬼"们，只要他们在活动中勇于承担事务，在学习中有所进步，我就让其他孩子写颁奖词送礼物。到了学期结束，看看谁的颁奖词最多，进步最大！特别是当班里有谁过生日时，就是一个特别好的教育契机，我一定会在那一天里，全程跟踪拍摄这个孩子，让他成为被大家欣赏的明星。到了期末，我会给每个孩子一封私信来谈谈我与他的私密故事。由此延伸，到了重要节日，孩子们就要互相写欣赏词。在这个活动中，我积攒了大量的资料，这些资料一点都不理性，但每当我翻阅孩子们互相欣赏的话语，我的心就像被洗礼了一般，满满的都是正能量。

给我"最忠诚的朋友"的颁奖词

欣赏卡——我欣赏的人

我亲爱的同学，我最欣赏你这一点：

白嘉梁：天才从来不显露，而你正是这样一个不显山露水的男孩儿。感谢你用自己的独特与幽默给予我们的欢乐。

马云行："勤劳远比黄金可贵"，认真勤奋、脚踏实地是我对你坚定不移的评价。

马志遥：在你的幽默中，透出你的天真与机智。然而，你的正直更是令我钦佩的。

王孜劼：用"行如风"来形容你太贴切了。你是个乐于助人、开朗自信的男孩儿，血气方刚。

许天一：你是认真的，"没有最好，只有更好"仿佛是你的警世格言。我看到的总是刻苦的许天一，真实的许天一，没有一丝虚浮。

王煜天：你是个坚强的男孩儿，坚守"英雄不问胜败"。我有时看见调皮天真的你，有时又看到成熟稳重的你。

王亦石：之前，我眼中的王亦石是文静优雅的，现在的你多了一份活力，让人眼前一亮。

张冠乔：你是一个乐观的男孩儿，如向日葵，纵然会经历些风雨，但最后迎接你的将会是一片阳光。

李京典：你集冷酷与宽容于一身，你是一个冷静的男孩儿，不在意成败。

永恒的回忆

以上是写给男生的，下面是写给女生的。

王雯兮：你的翩翩舞姿像花丛中飞舞的蝴蝶，轻巧夺人，有种小家碧玉的美丽。

梁心遥：你永不言败，因为你就如小溪里的鹅卵石，内心是坚强的，表面是圆润而又完美的。

贾明奕：你似春日的细柳，有时柔弱多情，有时刚强坚毅。你碧绿的叶便是你纯洁的心，令人陶醉。

陈佑洁：你就如同冬日的白雪，洁净而自强、自爱、自尊。你自然而又可亲，外表虽寒，内心却是一片温存。

潘艺瑞：你好像五月烂漫的樱花，粉红一片，可爱宜人。你是这样纯洁以及友好。

郭晓桐：你像一株挺拔屹立的梧桐，永远那么无忧无虑，那么天真欢愉。

林　玥：你好似夜晚黯淡的天空中一弯银月，你如月一般皎洁单纯，如月一般可爱迷人。

祁　琦：你像夜晚闪烁的星星，喜欢迷人地眨眼。你永远是个无忧无虑的女孩，如星星。

忻省池：你似一丛青翠的斑竹，时而浅唱低吟，时而摇曳多姿。你有空灵绝唱的声音，有纤细妩媚的身材，若把你比拟作竹，再贴切不过。

语文许老师：您如同冬日的一缕阳光，给予人光明与希望。您的敬业精神令我感动，它是我在您身上体会到的最真、最切的启示。在我人生之路上，感谢您用温暖呵护我前进。

数学张老师："机会总是给有准备的人的。"这是您给予我们的人生哲理，感谢您用独特的幽默营造出一种活跃的气氛，感谢您用独特的幽默给了我莫大的启示。

——刁沐心

第 8 辑

遇见自己

在最美的年华遇到最美的自己,这或许是教育的真谛。好的教育一定不是为了训诫人,不是为了改造人,而是为了帮助人成为他自己。童年不是为成为大人准备的,童年有自己独特的价值。我所做的一切,都是希望孩子们能找到自己,找到那个真心想成为的人。与不断修正的自己相遇,与不断努力的自己相遇,与未来的自己相遇,岂不美哉!

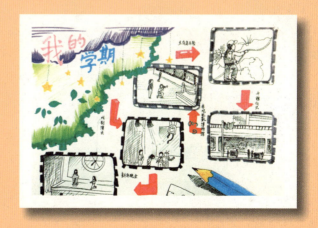

十岁的天空

> 十岁的天空,是给孩子、家长、老师的一份大礼。我们停下脚步,慢慢打开时间老人赠送的礼盒,发现很多惊喜。对过去的肯定,对付出的感恩,对未来的期望,都让我们收获沉甸甸的感动,也让我们收获成长的硕果。

感谢您给我们一次唤醒记忆的机会!

岁月的河里有那样多随波的春花秋叶,

我们期待的目光总是不肯低垂,任由它们飘然远去。

在孩子十岁的这一年,是您让我们和孩子一起停下匆忙的脚步,俯身拾起那些过往的美丽和感动。

孩子的笑颜,

流淌的文字,

忽然像这春日的花蕾,一齐绽放在我岁月的枝头。

那样多曾经的心动,那样多不能重回的往昔,都蒙了轻尘,

我握起孩子的小手不禁泪流满面。

——家长感言

孩子们上四年级时,一位学生家长对我说,她的孩子马上就要过十周岁生日了,她很苦恼孩子喜欢攀比,过生日也要讲究排场,这很不利于孩子的成长。她希望我能在班里搞一个集体生日会,把孩子们都要过

十岁生日这件事集体化起来。一来可以解决她的苦恼；二来也能借此增进孩子们与家长的感情。

"十岁的天空"板报设计

我被这位家长的真情打动了，同组其他老师也认为这是很有创意和教育意义的事情。十岁，是这群孩子人生中第一个两位数的年龄，利用这个集体生日可以让他们与父母一起回顾十年的成长历程，这是一个体会成长、去感恩的绝佳时机。

在集体生日会上发表感言

学生们对这个活动所持有的新鲜感和憧憬也是我始料未及的，一时间，班里讨论声此起彼伏。趁热打铁，我把要求和准备工作布置了下去，包括排演节目、制作成长PPT、准备礼物、通知家长、布置教室等等内容。

活动当天，让我感动的是，那位提出集体生日会建议的家长，亲自给每个孩子买了一朵康乃馨，让他们可以给自己的家长送上一枝花来表示爱意和感谢。

活动开始，我直接切入主题，放映记录了每一个孩子成长的幻灯片。照片上的他们从出生到咿呀学语，从蹒跚学步到幼儿园时期，从新入小学到现在长成了一个个大孩子，家长们和孩子们一起认真地看着这些成长的记录，回顾着孩子们成长过程中的特别时刻，不少孩子和家长的眼中都泛出了泪花。而我，也借着这个难得的机会，在我脑海里补全了这群学生的成长过程，自己心里也是一阵阵的酸。

我朗读了班里家长们写给孩子们的话。那些寄语满载了家长对于孩子的爱和希望，当学生们听到了爸爸妈妈写给自己的话，都很感动，有的甚至流出了眼泪。

孩子们还为家长们表演了他们精心准备的节目《猜猜我有多爱你》。

十年的回忆

成长的足迹

伴随着诗篇《当生日蜡烛点燃的那一刻》(李红延老师创作)的朗诵声,孩子们一起唱着生日歌,吃着大蛋糕。当家长们与孩子们互赠礼物那一刻,生日会到达高潮。孩子们把康乃馨送给父母,与父母深情相拥。那一刻,我为之动容。再看看孩子们和家长们,也都沉浸在浓浓的感动和感恩氛围中,激动之情溢于言表。

作品《十岁的天空》

十岁的他们,渐渐褪去年幼的稚气,一点点地接触着纷繁复杂的社会,有了自己的小秘密。在十周岁这样的关键成长节点上,让我们停下来,陪着孩子一起梳理已经走过的那些年,把美好的瞬间永远定格在彼此的记忆中。

好的教育一定是由学校教育与家庭教育的合力形成的。对于孩子们来说,他们回顾了自己的成长经历,这让他们感受到父母对他们不离不弃的陪伴是如此的伟大,他们心底生发出的感动和感谢比任何语言上的教育都更多。这些活动将孩子们与父母、良师重新紧密连接在一起,让爱与感恩滋润着孩子们的心田,让内省唤醒孩子们深层次的成长。对于家长来说,这些活动可以帮助他们停下匆忙的脚步去驻足欣赏孩子的成长,可以成为密切亲子关系的纽带。

成长照片　　　　　　　　"十岁的天空"主题队会方案

亲爱的孩子们,在这十岁的天空下,让我们一起陪着你,伸手摘来朵朵彩霞,编织成华美篇章,见证你的成长,与来自过去的你相遇。也谢谢你们,让我们感受到生命成长如此美好!

收获童心

十岁,是我们成长之路上的一块里程碑。在这个鲜花盛开的四月里,我们的"十岁的天空"主题生日会拉开了帷幕。

首先是由同学们朗读自己的十岁感言,稚嫩的话语中透着一颗感恩的心。之后便是陈玮璐与王硕倾情演出的课本剧《猜猜我有多爱你》,使我们懂得了父母的爱是无私的,是无穷无尽的。家长们也细细品味着其中的意味,回想着自己孩子成长的一幕幕,既感动,又感慨。

随后,忻省池的父亲与付超然的父亲代表全体家长朗读了感言,他们丰富的内心世界使我们惊叹。那真挚的语言,字里行间流露着对孩子的关爱与希望,眼中则绽放出骄傲与信任的光芒。刹那间,许多在场的同学们眼中都噙满了泪水,依偎在家长的怀抱里,享受着幸福与温暖。许老师还朗读了其他的家长写的十岁感言,同样是充满了家长们对孩子们的爱怜。

成长·感恩主题班会

紧接着,屏幕中闪现出了大家成长的照片,一张张可爱的面庞,将我们带入了对过去的回忆中。十年了,是父母用爱与心血创造了我们,在他们眼中,我们永远是独一无二的珍品。此时,家长们把精心准备的十岁生日礼物送给了我们,每个人都说出了一句发自内心感动与祝福的话,哪怕是极其简单的"谢谢",也足以让家长感到幸福与快乐。而当我们将一枝枝娇艳的、芬芳四溢的康乃馨送给父母时,家长们的眼眶湿润了,大家都沉浸在爱的海洋里。

生日会圆满地结束了。我们拥有金色的童年,我们多么幸福,愿这深深的爱永远伴随着我们,滋润着我们的心田。

——单 然《十岁的天空》

在人生的湖泊上,
漂着一只爱的方舟。
在春天,
方舟里装着这样一件事:
一个爱笑的小女孩,
怎么也不肯睡觉。
爸爸轻轻摇着摇篮哄她入睡。
妈妈用那圆润的歌喉,
为她唱着一支支摇篮曲。
终于,
她睡着了,
脸上露出爱的微笑。
那个小女孩就是我。

在人生的湖泊上,
漂着一只爱的方舟。
在冬天,
方舟里装着这样一件事:
一个梳着羊角辫的小女孩,
摔倒了。
爸爸坚定地对她说:
"孩子,站起来!"
妈妈也没有扶起她,
只是冲她微微一笑。

她马上站了起来,
也懂得了一个道理:
如果在困难面前摔倒了,
那就要在困难面前站起来。
那个小女孩就是我。

在人生的湖泊上,
漂着一只爱的方舟……

——忻省池《爱的方舟》

母校，永恒的记忆

> 母校，是我们生活的小天地，也是我们认识世界的开始。发现母校的美丽，感念母校的情怀，母校便是伴随我们一生的财富。母校，是我们永远的家；母校，是我们永恒的记忆。

在这丁香芬芳的热土上
有苦有乐
有情有义
但更多的是汗水洗过的风采

啊！母校
生命的摇篮
啊！母校
人生的基石
啊！母校
航行的坐标
如母亲的母校，谢谢您哺育了我们
给了我们花样年华

我们是一个个放飞的音符

无论我们将来汇入哪一首歌曲里
都跳动着她的一节旋律

我们是驶出的一艘艘小船
无论我们将来泊在哪个码头
都闪烁着她的一盏航灯

别了，母校
那六年的欢歌笑语在我们的心中常驻
别了，母校
那六年的酸甜苦辣在我们的心中回味
别了，母校
那六年的意气风发在我们的脸庞绽放

别了，母校，您是我们永恒的记忆！

——毕业生赋诗感言（节选）

孩子们在清华附小——他们亲爱的母校，度过了六年时光。临近毕业，即将挥别母校。孩子们终究要长大，要离开，但母校是他们永恒的记忆。为了纪念这美好而又难忘的毕

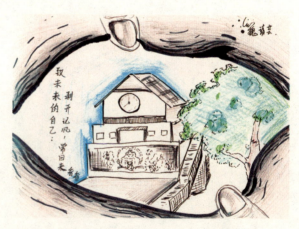

手绘作品《剥开记忆，常回来看看》

业季，我和孩子们一起回望他们在母校的岁月，一起在心中典藏那些应当珍惜的人和事。

为母校种下一棵丁香树

在毕业季品味校园的美好

附小六年级的"修远课程"与"尊重感恩"的德育主题课程齐头并进，一个人须以"尊重感恩"之心行修远之路。孩子们在毕业季需要精神的洗礼，毕业典礼的仪式感不可小视。毕业典礼，就是最隆重的感恩仪式。围绕着毕业典礼，我和孩子们开展了一系列的前期工作和准备活动，准备用一场特别的盛典，来回报母校，表达对师长的敬爱，对同学的友爱，对母校的眷念。

头等大事，首先得向大家发出邀请函。孩子们的邀请函可不是市面上普通的印刷请柬，而是由孩子们亲手创作，一笔一画都饱含真挚的情感，每一张邀请函都是私人定制，都是独一无二的，都记载着孩子们与老师们的小故事。孩子们通过回忆六年中与自

留给母校的寄语

第 8 辑　遇见自己　221

母校，永恒的记忆——毕业典礼

己有过交集的老师，将对老师的印象和对老师的情感写在信中，并发出最诚挚的邀请。

在一起的欢乐时光

下一步就是准备给老师和母校的礼物。礼物多种多样，形式各异。到了六年级，孩子们的小组分工以及张罗事情的能力已经很强了。我们开展了"创编叙事长诗"活动，孩子们在诗篇中，在怀念往昔的小故事中，抒发浓浓的师生情。那些诗句没有华丽的辞藻，但却饱含着深情。有的孩子如此诉说："老师，是您牵着我的手，带我走进校园。老师，是您轻轻推着我，让我认识同学。老师，是您拍拍我的肩，告诉我，加油！"还有的孩子这般倾诉："在我孤独的时候，你给予我关怀；在我失败的时候，你给予我鼓励；在我伤心的时候，你给予我安慰。

"水木童心"的由来

在这个离别的时刻,我衷心地感谢你。"我们还开展了送感恩卡和致颁奖词活动。孩子们亲手绘制的感恩卡,图文并茂,美得让人挪不开目光。还有的孩子独具匠心,亲手绘制了奖状,惟妙惟肖、以假乱真,令人叫绝。和孩子们在一起,就是在艺术的浩瀚海洋中扬帆前行,会有那么多的发现,那么多的惊喜。每一朵浪花,每一只贝壳,每一丝柔风,都带给人无尽的遐想和无比的愉悦。

同时,孩子们也在整理自己的思绪,准备给自己礼物——班级纪念册。纪念册中,每个孩子都有致同学、老师、家长的话,记载了一件自己难忘的事,以及个人小档案等;此外还有母校风物描写,例如"那

难忘的校园活动

个最有故事的地方"等。有的孩子用幽默的语言描绘了老师们的不同个性与风貌,这些文字堪称优秀的人物传记,既写实又有趣。在孩子们眼中,给老师取的亲昵小绰号也成了联络师生感情的代码。几分俏皮,几多深情。将每个孩子的资料汇聚成册,都可以集结出版了。

在临近毕业之际,我们还开展了"毕业倒计时一个月——我为老师做件事"活动。孩子们自主创意,用最别致的方式向老师献礼、向母校致敬。2015届毕业班的学生们,爆发了很多不同凡响的创意,让我叹为观止。有的说,要进行一场清华附小史无前例的环保时装秀;有的说,要表演帅气洒脱的篮球舞,将附小的体育精神进行到底;有的说,要编附小水木植物志,让附小草木与我共生长;还有的说,要打造装有几十架纸飞机的航空母舰模型。孩子们还有哪些奇思妙想呢?也许,这些都值得我们在以后的岁月中反复地想起、反复地回味。

在母校成长的岁月中,有欢乐,有痛苦,有同学的陪伴,有师长的教诲。母校,留下了孩子们成长的足迹;母校,是孩子们心中永恒的记忆。没有总结回顾,人不会进步;没有尊重感恩,人何以成长?尊重、感恩,是母校送给孩子们最好的礼物。我曾带过的一个班级的毕业纪念册名为"丁香花落了"。春天过去了,还有再来的时候;丁香花落了,还有再开的时候;我亲爱的孩子们,你们什么时候还会再回来?我在校园中等着你们,等待着与你们的再次相遇。

收获童心

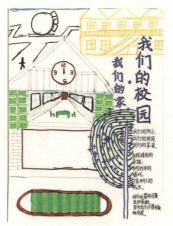

校园——孩子们的家

纪念校园

给母校的颁奖词　　　　留住丁香树下的回忆

校园还是那样的校园，
围墙还是那样的围墙。
可是它在我们看来，
却不一样。

第8辑　遇见自己

它陪伴我们度过了人生最美妙的阶段——童年。

一路上，
我们走的路可能曲曲折折，
我们的脚印也许歪歪扭扭，
但我们总是向着一个方向，
不停地努力，
不停地奔跑。

我们可能被路上美丽的风景所迷惑，
我们可能顽皮得被石块绊倒，
人生的路，永远走不完。

当初，我们是一粒种子，
被播种到泥土中。
现在，我们刚刚长出，
嫩绿的新芽，
就要承受，
猛烈的暴风，
也只有经历过风雨，
我们才能更加茁壮地成长。

——王嘉宜《致母校》

给未来自己的一封信

> 遇见未来的自己，是让孩子们放眼未来，为自己设定的目标而努力。其实，未来并不遥远。走着走着，路就近了。路，将当下与未来连接在一起。

给未来的自己写一封信，老师是想让我们给以后定下目标，向其努力，也许等将来，拿到自己的这篇文章，看到因为有目标而成功，一定会感谢老师让我们在童年致未来的自己。

——蒋欣钰

让我们有一个目标，向着目标前进。

——朱　伊

人只要有目标，就会向着自己希望的样子去进步、努力，想想多年后不知身在何方的自己重读写给自己的信，心里是否会想起以前那纯真的笑容？

——邓思佳

现在的想法留成永远的纪念，在许多年之后回到这里，也许可以回忆起当时的心。

——赵肖番

向前眺望，前面的视野是如此朦胧，回头望，视野也已经有些模糊，只有脚下看得很清楚，把脚下看到的东西用文字图画变成永恒吧！这样，未来再次回头，视野就不会模糊，我想，这就是许老师良苦用心的一小部分吧！

——张根瑞

每个人都有自己的理想，打开理想之门，让世界因为你而多彩！

——关致颖

让我们看清未来，给自己设定目标。

——秦知涯

也许这是一种纪念童年的方式吧，虽然没有确切的记录童年，但至少，等我长大了，我能知道，儿时的自己对彼岸充满了憧憬和希望。

——白晓舟

乘着理想之船远航　　未来的自己，你好

"未来是什么样子？未来的我又是什么样子？"孩子们在完成小学六年学业之后，既有收获的圆满，也会有对未来的迷茫与不确定性。孩子们身份角色的变化，会让他们有些不知所措，不知该如何定位。有的孩子一下子就从小学生变成了初中生，面对生活学习方式的改变，会有很多的不适应。因此，附小要为孩子们设计毕业课程，希望通过一系列的毕业课程，让孩子们顺利实现小初衔接，并以此为契机，帮助孩子确立人生信念、发现人生志趣、探索人生意义。

附小毕业课程又名"修远课程"，意在帮助孩子们逐步培养中学所需的各项学习能力和良好的习惯。修远课程围绕尊重、感恩、成长、志趣等主题展开，课程内容共同指向附小学生身心健康、成志于学、天下情怀、审美雅趣、学会改变的五大核心素养。

作品《未来的我》

从学校理念得到启发，我又在班里号召孩子们对未来教室进行猜想设计，与此同时，还带着孩子们给未来的自己写上一封信，这些统统都可归入毕业课程，让孩子们设计未来，把握未来。

"未来是什么样子？未来，我将在哪里学习和生活？"描绘未来，先从描绘身边的环境开始。设计未来教室是个很好的教育理念，先让孩子们对未来的教育有所思考。孩子们小组分工，马上就拿出了具体的设计方案，其中既有设计尺寸图，又有设计意图、设计说明。由此，我和孩子们还讨论了当下教室的优劣。孩子们的设计五花八门：有一类设计展现的未来教室在城堡、花园、海洋、太空等，充分展现了奇幻的想象力，体现了对自由的向往和追求，就像《小飞侠彼得·潘》中的孩子们聚集的永无岛，又如《爱丽丝漫游仙境》中的仙境，或是《绿野仙踪》中的奥兹国；还有一类设计展现了未来教室的高科技化：自动书包，自动屏幕，智能调节环境，甚至未来教室是虚拟的，能更好地满足学生们的学习需求……我们将优秀的设计方案转化为未来教室实体模型，并以设计者的名字命名。孩子们设计的未来教室，充分体现了开放性和儿童化。真希望，未来我可以和他们在一起，行走在他们美好的世界里。

"未来的自己是什么样子？"孩子们用文配图的形式，描绘了未来的自己。有一类为未来的自己设定了职业目标，如法官、平面设计师、程序员、运动员、考古学家、作家、歌手、演员等。想成为法官的孩子说："在我心中最威严的职业就是法官。他们总是站在高高的、严肃的法官台上，面对一切困难或突发状况，都可以冷静面对、临危不惧。"还有一类描绘了自己未来的生活状态。有的希望自己"不忘初心，保持热情"，有的希望"能为世界作出自己的贡献"。有的说："沐浴在午后的阳光下，来一杯香气四溢的茶，读一本书，回归纯真的自己。"有的说："不论未来我会怎样，但我不愿失去现在的同学与朋友，失去童心。"有的说："要坚持读书，要坚

在未来成为最好的自己

未来的附小——行走的城堡　　　　未来教室畅想

 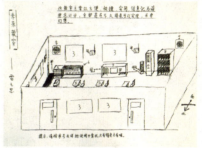

未来的教室　　　　　　　未来教室设计图

持自己的爱好,不要淡忘父母和老师。"有的说:"比成为一个最完美的人更快乐的事,便是期待着成为更完美的自己。"还有的说:"未来不管我干什么工作,我都会踏踏实实,不迷失自我,做最好的自己。"未来的自己该是什么样?孩子们的答案是多元化的,有的具体,有的抽象,有的甚至还有一些超越表象、把握生活本质的哲学意味。

有的孩子这样形容当下:"现在的我们,如一轮红日,冉冉升起。"又这样展望未来:"不论我的未来怎么样,通向未来的路一定多彩。""我有一位好母亲——清华附小,她孕育了一代代清华人。我已六年级,将要展开翅膀,飞往梦想的远方,但我永远不会放弃,因为我永远是清华人。"附小学生的核心素养之一——天下情怀，已经渗透到附小学生的灵魂中。

　　给未来自己的一封信　　　　　考古学家的梦想

　　给未来自己的一封信，也许是保护童年的憧憬和热情，也许是为孩子们设定一个前行的目标，也许是提醒孩子们坚持梦想。当若干年后，孩子们回望如今的情景，也许当下所留下的纪念可以提醒他们："不忘初心，方得始终"，静静聆听花开的声音，慢慢地生长，长成自己想要的样子。

　　我与孩子们在人生之路上结伴行走，既要脚踏实地，也要仰望星空。过去的已然过去，未来将在何方？"去的尽管去了，来的还在来着"，放眼未来的世界，遇见未来的自己。与未来的自己，不见不散！

收获童心

十年后你是否还记得我？

相信自己，放心去飞

在未来回归纯真的自己

遇见未来的自己

与未来的自己不见不散

期待未来梦想成真

后记·写在后面

　　这本书快要截稿时，正是我作为班主任最忙碌的时节，我带的40个孩子就要带着我六年的满满祝福暂别母校，升入更高的年级了。说句实话，毕业季我已经历过很多次了，但想起孩子们要走，心里就有泪水在流淌。是忧伤吗？是失落吗？是难过吗？是不舍吗？好像都是，又好像都不尽然。我抬眼望望百年园子里的翠绿，一棵斜逸而出的不老松映入眼帘：枝干的样子无需修剪就是风景，叶子长满了整个树冠，它优雅地站立在校园里，多像一个热爱教育的歌者！

　　忽然，我仿佛觉得自己就是这棵树，一任风吹雨打。我就这样，因为热爱所以投入，因为投入所以收获，因为收获所以幸福。

　　在杏坛工作近30年的我，从段长到副校长，从普通老师到北京市师德标兵。可以说，一路走来，收获了鲜花和掌声，也收获了荣誉和幸福。在众多的教育者角色中，毫无疑问我最喜欢的还是班主任。拥有了一群孩子，就拥有了美好的世界。这本书的书名是"带着你与世界相遇"，与其说我带着孩子们与世界相遇，莫如说是孩子们让我与美好的世界相遇、与未来的世界相遇，让我更加坚信善良、保持纯真、拥抱未来。

　　想到这儿，我的纸上跃然而出一张天使榜，窦桂梅老师、同事、家长、学生、编辑……大家的鼓励和帮助让我多年的教育心语凝聚成前面的文字，让我有机会跟教育同行们分享教育智慧，重温那些或青涩或饱满的课程故事。对于一个用心行走的教育者而言，我知道，我是幸运的，更是幸福的。

蓦然回首，无怨无悔；举目前方，道路依然。还等什么呢？一起来吧，带着孩童般的热忱和好奇，走进世界，走向未来！

又要迎来新一届学生了。

我又要和孩子们一起去遇见世界，"成志班"的故事又在继续了。

许　剑
2015 年 6 月于丁香书苑

图书在版编目（CIP）数据

带着你与世界相遇：我和学生的课程故事 / 许剑著 . —上海：
华东师范大学出版社，2015.6
ISBN 978-7-5675-3738-5

Ⅰ.①带... Ⅱ.①许... Ⅲ.①小学—班主任工作 Ⅳ.① G625.1

中国版本图书馆 CIP 数据核字（2015）第 123713 号

大夏书系·教育艺术

带着你与世界相遇
——我和学生的课程故事

著　　者　许　剑
策划编辑　李永梅　齐凤楠
审读编辑　齐凤楠
封面设计　奇文云海·设计顾问

出版发行　华东师范大学出版社
社　　址　上海市中山北路3663号　邮编　200062
网　　址　www.ecnupress.com.cn
电　　话　021-60821666　行政传真　021-62572105
客服电话　021-62865537
邮购电话　021-62869887　地址　上海市中山北路3663号华东师范大学校内先锋路口
网　　店　http://hdsdcbs.tmall.com

印　刷　者　北京汇林印务有限公司
开　　本　640×960　16开
插　　页　1
印　　张　16
字　　数　160千字
版　　次　2015年7月第一版
印　　次　2016年11月第二次
印　　数　9 101-12 100
书　　号　ISBN 978-7-5675-3738-5/G·8402
定　　价　35.00元

出版人　王　焰

（如发现本版图书有印订质量问题，请寄回本社市场部调换或电话021-62865537联系）